CNR 中央人民广播电台总编室/主编

繁荣与发展

中国文化改革发展纪事

吉林出版集团有限责任公司

图书在版编目（ＣＩＰ）数据

　　繁荣与发展中国文化改革发展纪事 / 中央人民广播
电台总编室主编. -- 长春 ： 吉林出版集团有限责任公司,
2012.8
　　ISBN 978-7-5534-0382-3

　　Ⅰ．①繁… Ⅱ．①中… Ⅲ．①文化事业－体制改革－
中国 Ⅳ．①G12

　　中国版本图书馆CIP数据核字(2012)第189997号

繁荣与发展 中国文化改革发展纪事

主　　编：中央人民广播电台总编室
责任编辑：吴文阁
封面设计：龙震海
开　　本：787mm×1092mm　1/16
字　　数：165千字
印　　张：12.5
版　　次：2012年8月第1版
印　　次：2012年8月第1次印刷

出　　版：吉林出版集团有限责任公司
发　　行：吉林出版集团外语教育有限公司
地　　址：长春市泰来街1825号
　　　　　邮编：130011
电　　话：总编办：0431-86012683
　　　　　发行部：0431-86012675　　　0431-86012826（Fax）
网　　址：www.360hours.com
印　　刷：长春新华印刷集团有限公司
书　　号：ISBN 978-7-5534-0382-3
定　　价：25.00元

序 言

中央人民广播电台大型系列报道《中国文化改革发展纪事》
展示文化大发展大繁荣辉煌成就和美好愿景

　　5月中旬至6月中旬，中央人民广播电台中国之声、经济之声、中华之声、香港之声、文艺之声等多个频率的新闻专栏，相继播出20集大型系列报道《中国文化改革发展纪事》。中国广播网也同步开设专题，刊载音频、文字和图片。这组专题报道贯彻体现了十七届六中全会精神，系统盘点了我国文化体制改革的进展与成就，为进一步促进文化大发展大繁荣引领了舆论。

　　一是宏观、高端、全面。节目全方位聚焦文化领域的重要事件、热点问题、代表人物，全景式记录了我国文化领域改革、探索的进程，真实全面展示了文化战线取得的喜人成就。节目几乎涉及自2002年党的十六大以来文化体制改革的所有重要事件。例如，出版社转企改制、文化院团改革、出版传媒"航母"破浪起航、博物馆全线免费开放、文化走进市场、综合执法打击盗版、现代传媒蓬勃发展、民营企业共谱乐章、全民共建文明网络、文化繁荣人才为先、中华文明走向世界等。在《群众小舞台　唱出大气派》一集中，山西省高平市一位农村小品演员讲述道：他们村从2006年起，在山西率先实施城乡"文化创建全覆盖"工程，现在是"市有文化中心，乡有文化站，村有文化活动室，户有文化特色户"，大伙儿一出门，就有"综艺大舞台"。文化部部长蔡武在节目中就这些实例谈了国家在十二五期间，将继续健全和完善公共文化服务体系建设，让最广大的人民群众享受文化发展成果的宏伟设想。

二是通俗、权威、深入。节目不仅采访了百余位官员、专家、文化名人和业内专业人士，而且将第一线的文艺工作者、文艺积极分子以至普通群众当做节目的主角。他们生动地提供了文化改革发展进程中的大量鲜活实例，并通过权威论述，有力佐证了党的十七届六中全会提出的坚持中国特色社会主义文化发展道路，建设社会主义文化强国战略的重要意义。《文化"航母"破浪起航》一集列举了江苏凤凰出版传媒集团的创建、发展，打造从出版、印刷到教育培训、网络游戏、大型文化消费综合体的全媒体产业链，以及中国文化报社正式转企改制，组建中国文化传媒集团有限公司，成为首家整体转企改制的中央部委主管报社的实例。

三是真切、贴近、好听。突出广播特色，以真实的音响诠释主题，用声音感染人，是广播媒体独具的优势。该系列节目每一集都充分运用现场音响，无论是各界人物的谈话，还是一些文艺作品的录音片段，都直观地给人以鲜活、亲切的感觉，说服力、感染力很强。《以人民为中心》用电视剧"筒子楼"的录音片段开头，并以"喜羊羊与灰太狼"为实例，引出电视剧导演、广电总局有关官员对文化体制改革以来，文化事业与文化产业共赢局面的高度评价。

阅评员认为，中央人民广播电台大型系列报道《中国文化改革发展纪事》，事实充分，说理透彻，声情并茂地展示了我国文化领域锐意改革，科学发展取得的辉煌成就，有力配合了党的十七届六中全会精神宣传，为迎接党的十八大召开营造了浓郁的舆论氛围。该系列报道坚持"三贴近"，以小见大，用百姓的鲜活话语见证改革发展大道理，用决策者的权威论述展示美好愿景，因而非常感染人，鼓舞人。（新闻阅评小组）

中宣部新闻局　2012 年 6 月 18 日

前　言

文化是民族的血脉，人民精神的家园。

党的十七届六中全会提出，要坚持中国特色社会主义文化发展道路，建设社会主义文化强国。回顾十六大以来的文化体制改革历程，总结我国文化体制改革经验，对于深化文化体制改革，推动社会主义文化大发展大繁荣，进一步掀起社会主义文化建设新高潮具有重要的意义。

本书由系列报道《中国文化改革发展纪事》集结而成。全景式记录我国文化改革、探索进程，全方位聚焦文化领域的热点问题、代表事件、代表人物，以具体的人、地点、事件为切入口，透视我国文化的发展趋势和深远意义，为建设社会主义文化强国营造良好舆论氛围。

经济发展为富，文化繁荣为强，建设富强的中国必须是文化的强国。党的十七届六中全会首次把文化发展上升为国家意志，充分体现了建设社会主义文化的自觉、自信和自强。对社会主义先进文化地位作用、发展方向、发展目的、发展动力以及发展格局战略作出科学解答。只要我们抓住这一有利条件，坚持中国特色文化之旅，一定能建设一个社会主义文化强国。

谨以此书迎接党的十八大胜利召开。

目录
contents

繁荣与发展 中国文化改革发展纪事

第一章

文化强国托举复兴梦想

【案例1】

人民网拉开新闻网站进军 A 股序幕

新华网、央视网正加快步伐

全国重点新闻网站 A 股 IPO 大幕拉开，人民网抢先拔得头筹。目前，同为"国家队"的新华网、央视网等多家网络媒体以及中国教育出版集团、中国出版集团等众多文化类企业也在加快步伐进军资本市场。

业内人士表示，2012 年将迎来文化传媒类公司上市高潮，并购整合和板块扩容成为传媒行业在今年资本市场的最大看点。

抢滩 A 股市场

新华网的人士向中国证券报记者透露，新华网拟在上海证券交易所 IPO，由中金公司担任该项目承销商。目前，新华网上市筹备正在进行中，预计今年年底前登陆 A 股。

据悉，2009 年 9 月，国新办下发的《关于重点新闻网站转企改制试点工作方案》通知中，对 10 家全国重点新闻网站转企改制试点进行部署。包括人民网、新华网、央视网三家中央网站，及东方网、北方网、千龙网、大众网、浙江在线、华声在线、四川新闻网七家地方网站。

1

人民网招股说明书显示，人民网作为中央重点新闻网站，其主要竞争对手为新华网、央视网、千龙网、东方网等其他新闻网站。未来的竞争对手将由中央重点新闻网站逐步扩大为新浪、腾讯、搜狐等门户网站。

目前，人民网的主要业务由四方面组成，包括互联网广告业务、信息服务、移动增值业务和技术服务。其中，广告及宣传服务收入的占比达到50%以上。据行业人士分析指出，新华网主要营收模式与人民网相似，而央视网则借助CCTV的采编优势，更倾向于视频传播。

板块扩容增速

传媒资本市场已经开始"蓄势待发"。在2011年最后两个月，我国首家资产和销售收入双超百亿元的凤凰传媒正式挂牌上交所，中原出版传媒集团则借壳入主ST鑫安"变身"大地传媒，掀起文化传媒板块的投资热潮。

华泰证券分析师认为，在十七届六中全会召开之后，支持文化产业发展的各项配套政策将以更密集的频率出台，为中国文化产业的发展提供更有力的支持和保证。在未来数年，文化传媒行业将在政策扶持和居民消费升级双重驱动下呈现快速增长。

2011年10月18日，党的十七届六中全会审议通过了《中共中央关于深化文化体制改革、推动社会主义文化大发展大繁荣若干重大问题的决定》，为我国文化产业大发展大繁荣提供了战略指引。

据业内人士分析，2012年我国文化产业"倍增计划"有望出台。财政、税收、信贷、资本市场层面的支持措施将有效落实，形成"政策组合拳"。证监会强调，要充分发挥资本市场对文化发展繁荣的支持服务功能，支持符合条件的文化企业发行上市，鼓励文化类上市公司进行并购重组。

此外，业内人士还预计，2012年，当中国出版集团及中国教育出版传媒集团进入传媒资本市场，加之凤凰传媒将成为三大航母级上市公司，产业龙头的资本争夺会愈发激烈。

【案例2】

传媒企业扎堆上市　天津多家企业排队 IPO

自 4 月 27 日上市到 5 月 14 日短短 10 个交易日，被称为"官媒第一股"的人民网股价较发行价最高上涨 135.25%，成为近期表现最好的新股。伴随人民网上市大涨，不少文化传媒企业也加快了 IPO 进程。据证监会最新公布的 IPO 申报企业基本信息，截至 5 月 12 日，证监会在审和过会待发企业共计 677 家，其中文化传媒企业超 20 家。值得注意的是，津企兆讯传媒广告也在初审队伍中。

文化传媒企业排队 IPO

证监会在审和过会待发的 677 家企业中，包括主板 367 家，创业板 310 家（包括 9 家中止审查企业）。其中，超过 20 家企业所处行业为文化传媒。

具体来看，目前处于申报进程中的文化传媒企业包括湖北知音传媒、上海新文化传媒等；电影院线的万达电影院线和广州金逸影视传媒等；互联网领域的暴风科技和北京中文在线；广告业的中航文化等；动漫行业的美盛文化创意等企业。

较受本市投资者关注的是，津企兆讯传媒广告也在队伍中，目前为"初审中"状态。此外，津企狗不理集团、天津银龙预应力材料、建科机械、亚安科技、天津天大求实电力新技术、天津亿利科能源科技也处"初审中"；曙光信息产业、天津鹏翎胶管、天津凯发电气目前为"落实反馈意见中"。中材节能已实施预披露，天津膜天膜"已通过发审会"。

政策利好提振传媒股

4 月，《文化部"十二五"时期文化改革发展规划》在京发布。其中，促进文化与科技融合将成为文化体制机制改革创新的重点工程之一。受此政策利好提振，传媒股整体表现抢眼，华谊兄弟、蓝色光标、百事通等多只板块内个股 5 月均出现不同程度上涨。

对于文化传媒板块整体的后期走势，业内人士认为，目前文化部"十二五"规划的发布对传媒板块构成利好，其中具备重组题材及业绩增长确定的个股值得关注。

国信证券指出，随着相关政策的出台，文化产业政策热度持续升温。未来行业整合将是行业推动收入增长的主要动力，行业龙头将是主要受益者。操作策略上，

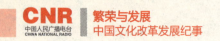

国金证券研究所建议从政策主线出发，配置估值相对合理且政策面有较好支撑的个股。"由于电视剧仍为成长性优且盈利能力最强的子行业，其中有能力规模化出品精品影视内容的相关公司值得投资者重点关注。"

深入采访

4月27日，上海证券交易所，清脆的上市锣声让人民网成为第一家在国内A股上市的新闻网站。舆论称，人民网的上市堪称资本市场和文化传媒产业融合的标志性事件。

如果时光倒流十年，人民网还只是《人民日报》的网络中心，面临着当年很多文化事业单位共同的发展困境：关系不顺、效率不高、机制不活、管理不畅……

这10年，发生了什么？

对于人民网，这10年意味着一次化茧成蝶的超越与荣光。而在更广阔的坐标系上，这10年，中国布下的则是一盘文化改革与重塑的大棋。

2002年11月，中国共产党十六次全国代表大会，作出了一项重要战略部署："根据社会主义精神文明建设的特点和规律，适应社会主义市场经济发展的要求，推进文化体制改革。"这声号角当时并没有完全驱散人们心头的迷惘。

在北京大学文化产业研究院副院长陈少峰看来，一万多家报刊，近万家图书馆、博物馆、文化馆、美术馆，五百多家出版社，近千家影视公司。地域不同、行业不同、性质不同，可谓千头万绪，错综复杂。

"那时候包括院团、出版社、电影制片厂，这些都是国有事业单位，没有竞争和创造力的机制，市场产品单一。"

迎难而上，从2003年6月开始，一场波澜壮阔、影响深远的改革由此开启。

首批35家改革试点单位，上海电影制片厂名列其中。上影集团总裁任仲伦回忆那份抉择，感慨万千。

"当时我们上影厂流传一个顺口溜，就是上影改革是找死，不改革是等死，不改不革是安乐死。既然有生有死，那么上影集团只能选择生，不能选择死。"

当年的上影厂，借债5亿元，年利润仅200多万元，国家一级演员的工资还没到上海最低工资收入水平。改革关乎生死存亡！

但是，改革改什么？任仲伦的理解是，将上影厂从文化事业单位的桎梏中解放出来，变成文化产业的市场主体。他要做的第一件大事就是在全国建立近40家电影院。

效果很快显现出来，仅 7 年时间，上影集团的企业利润实现了 80 倍的增长。上影厂改革的成功，正是因为抓住了"文化事业和文化产业二分法"这一改革的核心要义。中国传媒大学齐勇锋研究员说："经营性文化事业单位要转企，有公共性职能的文化事业单位要回归事业体制，这就是我们现在形成的分类改革思路。结合微观市场主体的再造，进行宏观体制的改革。"

从破冰之旅到乘风破浪，3000 多个日日夜夜，中国文化发展的航船面向蔚蓝色的大海，直挂云帆！

2005 年开始，除新疆、西藏外，文化改革试点推广到全国所有省市。北京、广东、江苏、山东等地涌现出一批总资产和总收入"双百亿"的文化企业。

在国际金融危机肆虐的 2008 年，我国的文化产业仍然逆市上扬，增速超过国内生产总值 8 个百分点。

目前，我国成为世界第三大电影生产国、第一大电视剧生产国、年出书品种、总量稳居世界第一位。

在深圳的一条普通大街，一位市民正在借阅图书。分布在城市街头的自助图书馆让很多路人慢下脚步。通过二代身份证的识别，刷卡、选书、取书，只要一分多钟。

深圳市民：因为这里每天都有新的书目，感兴趣的是文学、管理方面的，觉得挺有收益的。

不仅是深圳，在武汉、长沙、济南、天津、株洲等地，自助图书馆纷纷涌现。故宫博物院院长单霁翔说："在推动文化事业单位搏击市场的同时，公益性的文化事业的责任只能增强，不能削弱。"

单霁翔："我觉得我们今天应该把文化事业也看作民生事业。确实我们的医疗、住房、交通等是民生，但同样，文化也是民生，并且是更重要的民生。"

数据显示，各级政府对文化基础设施的投入超过了过去几十年的总和，覆盖城乡的基本公共文化服务体系已经建成。

从 2008 年起，全国的博物馆、图书馆、美术馆、文化馆等公共文化设施陆续免费开放，接待观众达几十亿人次。

2011 年 10 月 1 日，美国纽约时代广场。大幅户外显示屏上，水墨动画形象的中国先哲孔子，与熙来攘往的人群融为一体。而在全世界，以汉语教学，传播中华文化为主的孔子学院已经达到 350 多座。这正是文化体制改革锻造出的底气实力。新世纪，薪火相传了五千年的中华文明，正以高度的文化自觉和自信，走向世界，走向复兴。

记者： 经过近十年的改革发展，我国已经组建了120家出版传媒集团，其中有49家出版传媒类的上市企业，能不能说我国新闻出版行业已经进入了一个比较成熟的阶段呢？您认为十年来出版传媒领域改革的重要成就有哪些？面临的困难又有哪些呢？

柳斌杰： 经过将近十年的改革探索，我们已经组建了120家大型出版传媒集团，包括出版集团、报业集团、发行集团，成为新闻出版业的龙头骨干企业。同时，我们大力推动投融资渠道改革，把文化企业，特别是出版业、报业、发行业推向了股市。49家上市公司的实践证明，上市融资是发展的最好方式，也是维护文化安全的重要方式。上市是最安全的融资方式，因为股民和投资者是通过股市这一中介，关注其收益和回报。

出版传媒企业上市有几个好处：一是解决了企业建立现代企业制度、规范管理的问题，因为公司上市之前都要经证监会严格审核。二是从股市中募集了大量社会资金，成为发展的重要资本。三是突破了单一国有制问题，上市公司是多元化资本，全社会都有权进行监督。所以，上市对出版业产生了很大的推动，也是改革的重要成果，发展的重要渠道。目前发展较快的出版传媒企业，基本上都借助股市做大做强。

十年来出版传媒领域改革带来了四个重要变化：一是转变了思想观念。大家的思想解放了，认识到文化的多种功能、多种作用。二是改变了机制体制。过去文化没有进入市场，没有形成产业。现在是产业化、集团化、市场化的发展方式。生产方式，特别是产品生产、经营、销售环节也发生了变化，推进实现效率最大化。三是理顺了管理体制。过去党政不分、政企不分、企事不分；现在实现了政企分开、政事分开、管办分离，政府、事业单位、企业各行其道，履行各自职能。四是政府的管理方式发生了变化。过去新闻出版管理主要以审批为主的，改革以后，我们取消了200多个规范性文件，取消了几百项审批，政府行政转变为依法进行市场管理。

改革带来了两个重要的成果：一是产业的发展壮大。改革之前，文化领域根本没有产业概念，现在文化产业成为了国民经济支柱产业这个要求已成为全党全国的共识。二是文化公共体系开始形成，人民群众的文化权益得到了保障，为基层提供更多的文化享受。我认为，没有改革就没有发展，没有产业，也没有公共服务，改革从根本上改变了我国文化发展的局面，为文化繁荣提供了强大的动力。

记者： 在这个过程中有没有面临一些困难？

柳斌杰： 文化改革是一个艰难的过程，但是攻坚克难是改革始终如一的特点。

改革开放之初，并没有触及文化改革。加入世贸组织时，我国承诺要开放文化市场，才开始在这方面探索改革，当时叫做新闻出版广播影视业改革，那个改革是适应性的改革，不是体制性的改革。真正的文化体制改革是从党的十六大开始，十六大提出几个主要的思路：第一，文化产业是文化发展的主要渠道；第二，把文化分成经营性和公益性两大类，其中，强调国家扶持四大类公益性的单位，包括重要新闻媒体、国家水准的文艺院团、社科理论研究、图书馆和博物馆等，提出了扶持范围。在很长一段时间内，文化改革还是小心谨慎的，一是解放思想经历了很艰难的过程。很多人都不承认文化是一种产品，是一种商品，过分强调文化的特殊性，用意识形态属性否定文化生产的一般规律。二是文化能不能成为产业，当时也有不同意见。现在大家搞清楚了，文化有它的魂和体两个部分。它的魂是一种精神，但它的体是一种产业。它的魂要附体，要依在一种体上。发展产业成为了共识，所以党的十七届六中全会对文化产业发展作出了规划，这是很大的突破。三是体制问题，哪些转企改制，哪些继续执行公共服务的职能，认识也是不统一的。改革是要构建中国文化生产有活力的体制机制。为什么这样做？全世界的文化生产都是市场化的，人家通过市场来进行竞争，我们也必须转变体制机制。此外，还有一些实际的困难，比如人员安置、社会保障、身份转换，一些经营效益不好的单位转企改制成本支付问题等，都在改革中逐步探索，逐步得到解决。

党的十七届六中全会后，推进文化改革的共识大大加强，全党在这方面认识提高了，但下一步推进文化改革继续还面临一些困难，所以还需要继续努力。

记者：接下来还有哪些出版企业将走上上市之路？连日来《知音》计划上市也引发了一番议论，不少人批评它的品位低俗。不可否认的事实是，也有大批读者确实非常喜欢《知音》独特的草根气息，对此您如何看待？

柳斌杰：我们正在重点推动中央四大集团里的股份公司上市，这已经列入中央计划。此外，还有一批地方报业、出版集团也在排队上市，这些我们都是支持的。

《知音》的事情我也看到了，我觉得是非常好的现象。正如我刚才所说，把文化企业推向股市，就必须经过公众的监督和审查，这是上市公司公开性的特点。《知音》还没有上市，在证券公司讨论的过程中公众就提出了意见，这就体现了公众对上市公司的监督。这给我们提出一个问题，就是文化企业上市要注意企业本身的品位，绝对不能把那些生产文化垃圾的企业推到股市上去，这对公众是不负责任的。《知音》是一个以大众化、通俗化为主要方向的期刊集团，它要在通俗和高雅之间处理好文化本身的关系。我们主张，《知音》也要从公众批评中吸取正确意见，在通俗化过程中注意文化品位，不能把通俗化当作低俗，要克服这个问题。同时公众对文化也要区别对待，当前阅读已经是对象化、分众化、个性化，需要各种各样的刊物、各种各样的文化，以满足不同层次读者的需求，公众要正确看待通俗文化，要有一定的容忍度。出版企业本身要努力提高文化品位，即使是通俗文化，也要通俗而不低俗，能够体现我们的核心价值观，能够帮助社会重建高尚的道德风尚，能够引导社会形成健康向上的氛围。我也希望《知音》通过上市，不但将企业做大做强，在内容上也要进一步提升文化品位，给公众一个满意的交代。

观点链接

腾讯财经：人民网的上市开启了文化传媒企业进军资本市场的大幕。越来越多的文化企业出现在证监会排队上市的名单中，资本扩张雄心尽显。

中国证券网：人民网5月14日上午再创上市以来新高，盘中最高上探至47.05元，再封涨停板。上市以来，该股从31.01元最低价上冲，最大涨幅超过五成，股民戏称其为新股中的"高帅富"。

权威发布

蔡武，文化部部长

蔡武：全国文化系统要抓住机遇、突出重点，全力以赴做好下半年工作。重点要抓好几个方面：一是营造良好气氛迎接十八大胜利召开；二是加快推进体制机制创新，全面完成文化体制改革阶段性任务；三是积极推动《国家"十二五"时期文化改革发展规划纲要》《文化部"十二五"文化改革发展规划》的落实；四是切实按照《文化部2012年工作要点》要求扎实推动艺术创作生产、公共文化服务体系建设、文物保护、非物质文化遗产保护、文化产业发展、文化市场管理、文化科教、对外及对港澳台文化交流等方面工作，努力推动文化建设再上新台阶。

柳斌杰，国家新闻出版总署署长

柳斌杰：当前，新闻出版产业在支撑国民经济新增长、加快经济发展方式转变和推动文化大发展大繁荣等方面正起着重大的作用，全行业都要以强烈的机遇意识，主动迎接新挑战，推动产业实现大发展。一是要加快实施"十二五"时期发展规划；二是要大力培育战略性新兴产业；三是要扎实推进产业基地（园区）建设；四是要继续扩大新闻出版消费市场；五是要加快推动新闻出版走出去，扩大国际市场。

任谦，国家广播电影电视总局传媒管理司副司长

任谦：改革开放三十多年来，广播电视事业取得了飞速的发展，我们的媒体始终坚持正确的导向，精品力作不断涌现，深深影响了当代社会的进程。同时，我们也清醒地意识到在发展的过程中，特别是在经济的影响下，个别广电媒体将节目的收视率作为唯一的指标，制作播出了一些品位不高的节目，在社会上引起了不良反响，为此广电总局去年连续出台了一系列新政，目的就是让我们的广播电视媒体回归到本质，要切实地承担起喉舌的作用和公共文化服务体系的作用，要不断地提高我们服务人民的水平和能力。这些新政出台以后，各级广电媒体严格遵照执行，广播电视出现了可喜的变化，社会各界反映良好。在今后的发展中我们要始终坚持正确的舆论导向，增强社会责任感和使命感，巩固已有成果，同时要不断地创新，不断提高各类节目的品质和文化含量，为真正提高我国文化的软实力做出新的更大的贡献。

魏鹏举，中央财经大学文化经济研究院院长

魏鹏举：中国文化产业已经发展到了资本运作的时代。许多文化企业通过上市，获得融资之后迅速扩容，逐渐成长为有活力、有竞争力的大型企业，比如华谊兄弟、人民网。我们现在更多的是朝着全产业链的方式进行资本运作，这是文化产业发展的必然趋势，中国文化产业也必然会走这条道路，这也是符合国际文化产业发展特征的。

金元浦，中国创意产业国际论坛秘书长，中国人民大学文学院教授、博士生导师

金元浦：目前我国文化创意产业发展非常迅速，发展态势良好。自从党的十七届六中全会提出推动社会主义文化大发展大繁荣，推动文化产业和高科技相结合、促进文化产业升级换代以来，我国文化产业无论是在自身的整体发展上，还是在与公共文化体系的协调上，都取得了很大成绩。

转企改制的"鲶鱼效应"

【案例1】

黄河出版传媒集团有限公司转企改制之路

获得"全国新闻出版系统先进集体"等荣誉的原宁夏人民出版社曾有着辉煌的历史，然而，随着出版市场的变革，过度依赖于教材租型出版业务的出版社丢失了仅存的薄利"阵地"，逐渐陷入连年亏损、印刷厂聚众讨债、生产资金链断档的困难境地。

借着全国文化体制改革的东风，以原宁夏人民出版社为主整合成立黄河出版传媒集团有限公司，通过体制改革，形成了更强的凝聚力和竞争力；通过与中国出版集团优势互补，品牌影响力得到提高。实现了从"保吃饭"到"谋发展"华美转身！

不改革如同'温水煮青蛙'，死路一条

成立于1958年的宁夏人民出版社曾有过辉煌的历史，50多年出版图书15000余种，有600多种在国内各种图书评奖中获奖，其中有中国图书奖、国家图书提名奖等。

然而，随着出版市场的变革，出版社丢失了仅存的教材租型出版薄利"阵地"。2007年底以前形成的各种负债金额高达3145万元，当年又亏损962万元。

2008年，杨宏峰临危受命，出任宁夏人民出版社社长。

虽然对困境已有心理准备，但没有想到会来得如此"猛烈"。杨宏峰上任第一年，迎接他的"见面礼"是各地法院发来的9张讨债传票。

"当时的困境可想而知。"他回忆说，出版社员工已经习惯躺在教材上吃饭，而教材出版的改革无疑彻底断了出版社生存的根基。

此时，出版社已经犹如一只搁浅的航船，难以扬帆起航。

按照规律，每年秋季中小学教材应该在6月至8月印刷完毕，然而，2008年全球爆发金融危机，印刷纸张频频涨价，宁夏人民出版社"无钱下单"，造纸厂拒绝先生产再付钱。

出版社已然负债累累，且由于事业单位的融资渠道不畅通，银行最大的授信贷款额度仅500万元。直到7月下旬，开学仅剩1个月，杨宏峰才费尽周折贷到2000万元。

贷款被直接打到造纸厂银行账户，造纸厂连夜生产、印刷厂24小时不间断开工，终于赶在9月1日前印好全区110万中小学生所需教材，政治任务得以完成，出版社"最后一点脸面"得以保住。

面对如此难堪局面，杨宏峰意识到："不改革如同'温水煮青蛙'，死路一条。"要在激烈的市场竞争中摆脱困境，谋求生存发展，就要坚定不移、大刀阔斧地进行转企改制，推动体制和机制创新。

2009年，在自治区党委、政府的支持下，以原宁夏人民出版社为重点，10家出版社、期刊社、新华书店为重要组成部分，组建成立了黄河出版传媒集团有限公司，从而实现了宁夏出版发行资源的全面整合。

"扭亏为盈"创造新局面

杨宏峰说，通过整合区内资源，宁夏出版产业发展的整体实力有所增强，形成了资产数亿元、收入过亿元的经营实体；打通了产业链，实现了出版发行一条龙体系；最大限度地集中了人力、物力资源和资金，形成突破优势。

整合后，黄河出版传媒集团经历了一场攸关生死的"调结构"进程。

集团将教材租型出版业务全部划归一个部门，削去其他部门最后一点依靠，将其逼向市场找项目创效益。

置之死地而后生，各部门唯有不断创新突破。在教育出版领域，深度开发校本教材、高职高专教材等板块，通过量的不断加大扩张市场；在数字出版领域，与武汉黄冈中学网校开辟了网上辅导教学的新领域；多渠道充实"黄河网上书店"，可供销售书目增至 9000 多种。

文化产业是智慧产业、创意产业，要多出文化精品，就要通过转企改制解决文化事业单位长期存在的人才"滞胀"问题，建立聚人才的灵活用人机制。

改制后，黄河出版传媒集团全面推行竞争上岗和双向选择，打破论资排辈和干部终身制，"择优录用、能进能出、能上能下"的用人氛围透明清新。通过竞争上岗，集团先后调整选用了 71 名中层干部；面向社会公开招聘，40 多名硕士研究生充实到各业务岗位。

奖金与业绩直接挂钩让混日子不再可能。黄河出版传媒集团宁夏人民出版社常务副社长石晓燕说，以前很多职工有事业单位的惯性——"干多干少一个样"。而转企改制后很多人尝到了改革的甜头，主动策划靠近市场的选题，争取多出好书、精品图书。

黄河出版传媒集团宁夏人民出版社有限公司政经室编辑刘建英去年参与编写了 20 余种图书，为公司创造经济效益 40 多万元，她的收入也水涨船高。

几分耕耘几分收获，黄河出版传媒集团经营业绩显著提高。2008 年遏制住连年亏损的局面；2009 年净利润增长到 294 万元；2010 年净利润更是高达 2550 万元。与此同时，集团职工的工资整体涨幅也超过 30%。

更可喜的是，在盈利的同时，黄河出版传媒集团打破了依赖中小学教材出版的传统运营模式。2010 年，教材出版收入占总利润的比例由 2007 年的 80% 降至 40%，本版书收益占 40%，多元化经营收益占 20%。

"借船出海"加快宁夏文化"走出去"

在整合内部资源的基础上，黄河出版传媒集团积极实施"借船出海"战略。2009 年 12 月 31 日，自治区人民政府与中国出版集团签订联合重组协议，双方分别持有黄河出版传媒集团 49% 和 51% 的股份。

此举使黄河出版传媒集团实现了由出版业"地方军"向"国家队"的转身。

根据协议，联合重组后，中国出版集团在数字出版、选题开发、版权贸易与"走出去"战略等 7 个方面大力支持黄河出版传媒集团的发展。

杨宏峰说，宁夏一直怀有借助回族文化特色进军伊斯兰国家文化市场的梦想，却因没有对外图书发行资质等因素而几度搁浅。

借助中国出版集团的版权贸易资质，宁夏得以圆梦。短短一年间，黄河出版传媒集团已发行 11 种阿拉伯语及波斯语图书，如《回族民俗学》《孙子兵法》等，并与埃及、沙特、马来西亚等国出版机构签署了合作协议，通过产品输出和版权输出两种方式，把宁夏回族优秀历史文化传播到国外。

"在宁夏出版业50多年的历史中，文化输出国外一直是个空白，如今终于在这个领域留下了划时代的印迹。"杨宏峰说。

如今黄河出版传媒集团与中国出版集团的合作正在进一步深化。与中国出版集团旗下的人民文学出版社、中华书局、现代教育出版社创建了新的体制联合体，"现代教育出版社宁夏分社""中华书局《中华活页文选》杂志社宁夏工作总站"已挂牌运行；与商务印书馆和三联书店建立"综合类辞书研发基地"和"三联书店宁夏分店"的协议也正在实施中。

"中国出版集团增资扩股资金一到位，必将成就黄河出版传媒集团的又一次腾飞。"杨宏峰自信地说。

【案例2】

转企改制：广播电视报发展的新开端

——甘肃广电报业传媒有限责任公司董事长、《甘肃广播电视报》总编辑 陈福林

目前，我国文化体制改革正在如火如荼地进行。在第一批地方非时政类报刊转企改制的报社中，广播电视报由于创建初期的依赖性和不自觉性，其遗留问题颇多且深层次矛盾突出，给转企改制后的报纸市场化运营和发展带来一定难度。笔者供职的甘肃广电报业传媒有限责任公司是由事业单位甘肃广播电视报社转制而来，作为全国首家整体转企改制的省级广播电视报社（2010年12月29日转企挂牌），两年来亲历市场化运营的艰辛，并逐渐感受到体制改革所带来的曙光。

确定一个目标

从20世纪80年代中期开始，全国各地广播电视报以数十万甚至上百万的发行量扮演着当地"领军者"、"大报"的角色。尽管本世纪以来走入低谷，"遥控板"打败了"电视报"，但一些优秀的广播电视报经过几十年的品牌打造，报纸文化底蕴深厚；读者虽然剧减但忠诚度都很高，尤其是目前仍以阅读纸媒为主的中老年群体。

按传播学者的界定，当一种媒体为某个地方人口的20%所使用，它就成为这个

地方的大众传播媒介。美国学者菲利普·科特勒在《营销管理》一书中论述道：根据报纸在目标市场中的地位，有领导者、挑战者、追随者和补缺者之分，一般而言，分别占有40%、30%、20%和10%的市场份额。显然，广播电视报以其广播电影电视独家之优势和家庭生活服务之内容扮演着市场补缺者的角色，而这个角色的理论市场份额应占10%。为了达到这一市场份额，甘肃广电报业传媒有限责任公司在转企改制之后，在调整报社发展方向、理顺内容与经营关系的同时，将"专、精、特、优"确立为博弈市场的目标。

"专"，要求报纸有专门的服务对象，窄众化传播的专业内容。甘肃广电报业传媒有限责任公司改制后确定了"服务家庭，娱阅生活"的办报宗旨，变"百货商场"型为"专卖店"型，报纸发行和广告经营出现良好态势。"精"，扬周报精编细作之优势，做到文章耐读、版面好看；铜版纸封面骑马装订，融报刊于一体。"特"，即广电特色、广电风格，轶闻娱事、家庭生活。"优"，即优质产品、优质服务、优秀员工、优秀业绩。

创造一种环境

不可否认的是，由于历史形成的特殊性，广播电视报目前普遍存在着体制不顺、定位不准、质量不高、影响不大、实力不强等诸多深层次矛盾和突出问题。以甘肃省为例，1981年《甘肃广播电视报》创刊后发行量逾50万份，以全省第一发行量把尚不成熟的省内报业市场带动得红红火火，城市有电视机的家庭几乎都拥有一张现在看来很不起眼的广播电视报。一张小报的红火在给办报者带来巨大经济效益的同时，省城之外的地州市的同行们也纷纷创办名为"地方版"的广播电视报。

但笔者认为，当年广播电视报的辉煌，并非我们广电报人自身努力的结果，也不是我们的人才优势和媒体经营优势所致，而是广播电视结构在当时的合理性、广播电视受众的需求性和媒介市场的单一性使然。所以，由于匆匆上阵，非报纸专业人员纷纷涌进报社，一度出现广播电视报管理混乱、市场无序的局面。故此，今天在中央深化文化体制改革的大环境下，我们要清醒地审视自身面临的生存状况，要切实借转企改制之机，尽可能早一点规范行为适应市场，快一点形成干事成事的良好环境。

我们深知，从事业单位转制为文化企业，陈腐的理念转变可谓难上加难，僵化的体制遗风会羁绊企业的发展。由于历史的原因，广播电视报从业人员的素质普遍不高。以甘肃广电报业传媒有限责任公司为例，改制前大约有70多位员工，人数多但专业人才少，本科学历或副高以上职称的人才凤毛麟角，大多是工勤岗位或大集体合同工，且理念滞后、思想陈旧。"等、靠、要"思想严重，出现了报纸边缘化、领导不支持、市场不认可、班子不作为、职工不满意的严重问题。当时的报社可以说创下全国省级广播电视报"三个唯一"，即唯一一家发行量不足 2 万份的报纸，唯一一家拖欠工资 5 个月的报社，唯一一家广告收入不上百万的报纸。于是，改制之后，报社积极营造干事成事的良好环境，尽可能多地引入和培养人才，两年来人员结构发生了巨大变化，企业人文环境不断好转。

建立一种机制

在事业体制下，尽管广播电视报都按"自收自支"的模式运行，但都没有一套严格的企业成本核算和费用管理办法。广播电视报在长期的发展过程中，形成了成本费用管理混乱、报纸发行无边际效益、直接成本管理无序、综合成本居高不下的问题，严重阻碍了报社的发展。

甘肃广电报业传媒有限责任公司在转企后曾算过一笔账，报纸印刷、发行、采编、管理等综合成本高达 2.35 元 / 份，其中印刷成本只有 1.8 元 / 份，可见管理上的漏洞和人浮于事现象的严重。为此，报社首先在财务上变事业核算为企业核算，以成本核算和费用管理为抓手，用边际收益和边际成本的核算办法指导报纸发行和广告经营。同时千方百计贷款投入 200 万元，在甘肃省委宣传部、省新闻出版局和省广电局的指导支持下，从 2011 年元月开始强力整合"地方版"刊号资源，各"地方版"以《甘肃广播电视报 xx 周刊》"统一报名、统一刊号、统一印刷、统一发行"的"四统一"模式规范出版，目前已初见成效。

在强化成本核算开源节流的同时，甘肃广电报业传媒有限责任公司完全打破原事业性质的分配模式，进行了全员绩效考核，从公司董事长到一般员工，均与当月的收入密切挂钩，在全年收支预算的前提下，工资发放系数按百分比核算，最高超过 130%，最低仅有 56%。这种机制的形成，极大地调动了职工的积极性，企业出现了超常规跨越式发展的势头。

除此之外，在报业转企改制进入"深水区"和文化产业大繁荣、大发展的今天，广电报人再也不能也不可能像 20 世纪 90 年代时作壁上观。转企改制后，广播电视报的发展必须要循市场规律办事。但要适应市场法则就必须有一套自己的规则，甘肃广电报业传媒有限责任公司在进一步完善法人治理结构的同时，制定了一部长达 6 万字的既切合实际、适应市场又便于执行操作，涵盖"政策""理念""礼仪""管理""服务"多方面的《员工手册》，用规则约束员工行为，用规则强化企业的执行力，取得了明显效果。

确定一个目标、创造一种环境、建立一种机制、制定一个规则，是广播电视报转企改制后生存和发展的重要路径。由于广播电视报普遍存在的问题和历史遗留的包袱，从某种意义上讲需要"重敲锣新开张"，只有新建目标、环境、机制和规则，才能脱胎换骨、浴火重生。甘肃广电报业传媒有限责任公司组建后，由于目标明确、环境良好、机制健全、规章完善，第一年就出现向好的经营态势，报纸发行量突破12万份（含地方周刊），公司实现总收入818.9万元，比改制前增长178.84%，广告收入是2009年的6倍。但在成绩面前，我们并不满足，因为转企改制只是广播电视报谋求新发展的另一个开始，未来任重而道远。

【案例3】

江苏省演艺集团：新机制催生好戏连台

江苏省演艺集团自成立以来已走过了10个年头。10年来，集团的收入、效益和资本均实现翻番，在产业化改革的道路上探索前进，富有活力的新机制催生好戏连台。（中国文化传媒网记者 王立元）

变被动为主动

江苏对文艺表演团体的改革开始于2001年。2001年9月，江苏省京剧院、歌剧舞剧院、人民艺术剧院、昆剧院、锡剧团、扬剧团、江苏省演出公司等单位合并组建了江苏省演艺集团，实现了文化行政管理部门与文艺表演团体的政事分开、管办分离。

2005年1月，江苏省演艺集团有限公司核销江苏省演艺集团及下属院团原来的事业编制，整体转企改制，并在集团公司实行了全员聘任制，因事设岗、竞争上岗、以岗定薪，将演出效益与个人收入挂钩。

"2004年、2005年时集团人心不稳，大家主观上不能接受转企改制的事实，2004年底，昆剧院甚至集体上访。"江苏省演艺集团党委书记朱昌耀回忆说。

江苏省演艺集团昆剧院院长柯军曾经也是上访者中的一员，"那时候根本不想改，当时的疑问是昆曲作为世界级非物质文化遗产怎么能走市场？现在看到了走市场的好处，大家开始争先创优了"。

一年时间还没到，演职人员就感觉到了变化。首先是演出机会增多，柯军说："2004 年之前昆剧院一年最多演出 50 场，演员论资排辈，轮到我这里一年只有一两场演出。"1998 年进锡剧团的汤达当时也跟领导请求过想当主演，"领导说先把龙套跑好再说。当时主角和跑龙套的演出补贴一样都是 60 块钱，很多人也就觉得无所谓了。现在团里鼓励年轻人排戏，演主角拿的钱变成了跑龙套的 3 倍，大家的积极性都被调动起来了。"

回头看改革的历程，江苏省演艺集团话剧院院长杨宁认为早改早受益，他说："等是等死，靠是残疾，要是乞丐。"

"改革不仅不能被动，而且要做到真改、深改，要知道早改早主动，晚改就被动，不改没出路。"朱昌耀说。

变作品为产品

改革后，江苏省演艺集团精品生产的目标从"获奖"转向了"市场"，6 年来用"主流化、国际化、时尚化"的艺术生产理念打造了昆剧《1699·桃花扇》、现代京剧《飘逸的红纱巾》、歌舞音画《茉莉花》等艺术精品。

现在集团一改以往只重创作的做法，确定以演出为中心。"我们意识到，脱离市场的创作是没有方向性的创作，创作是为演出服务的，演出才是立身之本。"朱昌耀说。

根据市场需要，演艺集团为昆剧《1699·桃花扇》打造了 10 个风格各异的版本，横跨多个艺术领域，以满足不同剧场和观众的需求。演艺集团还委托江苏省演艺文化产业股份有限公司独家代理昆剧《1699·桃花扇》的演出营销推广。

"现在艺术产品在创意设计和后期营销方面还比较弱，我们要加强这两头。"朱昌耀说。演艺集团利用股份公司管理营销优势进行艺术产品的前端策划及后端营销推广，二者资源共享，优势互补，共同构建完整的艺术产品生产、销售及后舞台产品开发的文化产业链条。

变剧目为项目

改革后，演艺集团树立了"演艺产业化，产业立体化"的发展理念，形成了以演艺业为主、多业态经营的格局。"我们联合了多家国际强势文化企业共同投资，将在南京建设大型的文化新城——江苏创意文化产业园。项目建成后，将有 350 多家中外文化企业入驻。根据美国麦肯锡公司的咨询调查报告，产业园每年将产生近百亿元人民币的经济效益，创造就业机会 1.2 万余个，并可带动周边现代服务业发展。"朱昌耀说。

演艺集团最新投资组建的新型演艺文化连锁体系"苏演院线"是全国第一家由文艺院团创办、以内容提供为主、面对市县基层的文艺演出院线。"我们 2009 年底开始筹划运作'苏演院线'，去年上半年有 10 家左右剧院加盟，去年底增至 15 家，这些剧院分布在苏南、苏北、苏东以及浙江。"江苏省演艺集团副总经理刘金星说。组建起"苏演院线"后，演艺集团将依靠 300 多种自有产品的优势，开拓基层市场。"我们的市场定位很明确，各市县都在建剧场，但多数剧场很缺艺术精品。我们在盐城市东台县演出时，当地观众都说很多年没看到这么精彩的演出了。"刘金星说。

变政绩为业绩

普通演职人员每年要考核业务，各院团长每年要考核业绩。"以前的院团长创作演出大都是为政绩忙，改革后演艺集团的院团长成为文化企业的经营管理者，工作重心变成了创造业绩、扩大影响力。"杨宁说。

柯军说，最近他打算让昆曲和高铁联姻，打造"高铁昆曲"。"我们想表达的理念是拥有最快速的生活节奏和最从容的生活态度。以后我们会在南京至上海的高铁上为乘客上演昆曲，观众也可以坐着高铁来南京看昆曲。"柯军说。昆剧院还在去年开通了全球昆曲在线，不到一年的时间就拥有了 250 万的点击量。

木偶剧团是江苏省演艺集团里唯一一个自负盈亏的单位，该团面对市场多方位出击，团长许虹说："木偶剧主要进校园和旅游景点演出，夏季举办双语夏令营，为单亲家庭或下岗职工的子女表演。演艺集团成立后我们演出的机会多、平台大、自主权大，比如木偶剧团主办的木偶专场晚会，演艺集团下面的 11 个院团都参与演出。"

改革没有回头路，江苏演艺集团从一片质疑声中走到今天，品尝到了先走一步的甜头。"就拿最不容易走市场的昆曲和交响乐来说，2010 年演艺集团昆剧院演出 644 场，几乎是全国其他昆剧院团全部演出场次的总和，演出收入达 607 万元，演出场次和收入分别是转企改制前的 6 倍和 10 倍。交响乐团演出收入 347 万元，是 2004 年的 4 倍。"朱昌耀说，今后，江苏省演艺集团将探索股份制改造的新路子，催生新的文化业态、文化品种和样式，以集团、剧目、剧种和人才等品牌优势，获

取品牌的高附加值。

深入采访

4月27日，人民网上市让资本市场"惊艳"。与此同时，新华网、央视网等其他10家新闻网站也在摩拳擦掌，加快抢滩A股的步伐。用资本市场杠杆撬动文化产业的发展，被誉为文化传媒企业转企改制的一个"里程碑"。

半年前刚刚成功把凤凰传媒成功推进资本市场的凤凰集团董事长陈海燕勾勒着下一步的发展蓝图：

陈海燕：要使凤凰集团成为中国文化产业重要的战略投资者，并且在国际上也能够被认为是大型文化产业。我们要打造一个文化产业生态圈，变成一个产业集群。

不能让所有文化都赖在政府怀里，要推向市场的，必须接受市场的洗礼，让市场决定它的生死存亡。这是十年前一个英明的论断，也是一份艰难的抉择！东方演艺集团董事长顾欣对改革初期的艰难、困惑、争议和阵痛记忆犹新。

顾欣：我们的艺术产品是作品还是艺术产品，作品往往是自恋的，关起门给我们几个专家看一看，或者评个奖。产品必须接受终端市场的检验。这种观念的转变是一个比较痛苦的过程。

事业单位转企改制，事业编制变身合同制员工，员工乐不乐意，干不干？这是每一个单位转企改制无法回避的问题。顾欣说，改制前，单位500个演员400个常年没有演出，改制后演出排不下时间表，工资翻番增长。事实胜于雄辩！

顾欣：一个是演出、上台的机会多了。一个企业能不能吸引人就两条，一是我在这里有没有施展才华的空间，第二就是收入。第一个问题解决了，第二个应该是迎刃而解。改革以后演员的收入提高的多一些。

文化事业单位转企改制，就是以市场的残酷倒逼企业的成长与壮大。改制之后的企业必须直接面对市场，面对大众，面对实践的检验。全国政协委员、知名导演冯小宁以电影为例说明，改革只有顺应人民群众的新期待，顺应文化建设的内在规律和发展趋势，才会有出路。

冯小宁：迅速地提高自己的生存能力，千方百计地寻找中国特色的、能够感动中国人的、吸引中国人眼球的精品电影。我们影人自己首先要担负起责任来，首当其冲的是编剧和导演。

转企改制只是手段，做大做强才是方向。国家发改委文化产业研究中心原主任齐勇峰认为，文化体制改革必须不断创新体制机制，充分发挥市场在文化资源配置中的基础性作用：

齐勇峰： 小弱散的状况根本原因是传统文化体制条块分割的问题还没有解决，条块管理带来的突出的问题就是文化资源的碎片化，从文化产业的角度说，要资源配置的更合理，它是一种融合化的发展。

毋庸讳言，文化产业起步晚，发展时间短，目前仍是小、散、弱的发展格局。2009 年 7 月，国家首次颁布《文化产业振兴规划》，确定文化创意、影视制作等九大重点发展产业。2011 年，国家再度发布《"十二五"时期文化改革发展规划纲要》，鼓励社会资本参与国有单位的转企改制。

根据中央关于分类推进事业单位体制改革的意见，今年国家将研究制定新闻出版事业单位可持续发展的各项扶持政策，完善投入方式，形成稳定的保障机制；制定完善新闻出版事业单位改革的实施办法，加快推进新闻出版事业单位人事、收入分配、社会保障制度和管理机制改革，健全考核、激励和约束机制；推动一般时政类报刊社、公益性出版社等事业单位实行企业化管理，增强面向市场、面向群众提供服务的能力。

据悉，我国全面推进非时政类报刊出版单位体制改革，已有 1600 多家非时政类报刊出版单位登记或转制为企业。全国已组建 120 多家各种类型的出版传媒集团。省级党报发行机构已经全部完成转企改制，正在整合区域报刊发行资源。

为保证已完成转企改制的出版社能够享受到国家的税收优惠政策，新闻出版总署为 138 家出版社申报享受税收优惠的认定材料，目前已有 96 家出版社享受税收优惠。据不完全统计，2010 年这些出版社共计减免税达 3 亿多元。

"今年我国将继续稳步推进非时政类报刊出版单位转企改制工作，力争在十八大以前基本完成中央确定的改革任务。"新闻出版总署署长柳斌杰说，上半年完成列入首批转企改制的非时政类报刊出版单位转企改制，启动并开展第二批非时政类报刊出版单位转企改制工作，制定出台《关于非法人报刊编辑部体制改革实施办法》，启动学术期刊、非法人报刊编辑部体制改革工作。

此外，新闻出版总署还将出台《关于加快推进我国报刊业结构调整的若干意见》，鼓励和支持省级党报及其所属非时政类报刊与本区域地市报刊进行战略合作，鼓励和支持实力雄厚的行业性报刊出版单位对本行业报刊出版资源进行整合；支持和推动转企改制到位、具备条件的报刊出版企业进行股份制改造和上市融资。

柳斌杰透露，今年我国将积极稳妥推进党报党刊发行体制改革；结合开展非时政类报刊出版单位体制改革，积极探索党报党刊发行新模式，增强党报党刊等主流媒体的舆论影响力和信息传播能力；选择 10 个左右已开展或正在开展党报党刊发行体制改革的地区和单位进行经验总结，加以推广；鼓励各级党报组建独立的发行公司，创新体制机制，提高发行时效和覆盖范围；支持党报党刊与邮政部门、大型出版物发行企业或物流企业开展战略合作，整合区域内的报刊等出版物发行物流配送资源，建立完善成熟的营销网络。

据介绍，今年我国将进一步深化出版单位体制改革。新闻出版总署将联合有关部门，研究制定中央文化企业国有资产监督管理办法，探索建立新闻出版主管主办制度与现代企业出资人制度有机衔接的机制；强化出版市场准入机制，严格把控主管主办资质关、资本结构关、法人性质关、法人代表关，"关停并转"一批不符合条件的出版单位，切实推动新闻出版单位主管主办职责的落实；加快推动已完成转企改制任务的出版单位建立现代企业制度，进一步完善法人治理结构，推进内部体制机制创新，探索建立符合现代企业制度要求、体现新闻出版企业特点的资产组织形式和经营管理模式。

据不完全统计，自 2010 年《国务院关于鼓励和引导民间投资健康发展的若干意见》发布以来，各地新闻出版系统新增民营企业 1598 家，主要涉及数字及网络出版、印刷复制、发行等领域。在全国 35.7 万家新闻出版单位中，民营出版发行、印刷、复制企业超过 32.4 万家，占总数的 90.8%；民营企业所占有的资产总额、实现的增加值、营业收入和利润总额在印刷复制企业中占 80% 以上，在出版物发行企业中已占 70% 以上。

2011 年，长江出版集团、凤凰传媒、浙报传媒、中原出版传媒 4 家出版传媒企业成功上市。柳斌杰透露，今年新闻出版总署将制定出台《关于加快出版传媒集团改革发展的指导意见》，鼓励出版传媒企业进行跨媒体、跨地区、跨行业、跨所有制发展，加快新闻出版资源向优势企业集聚，打造和培育国家出版传媒主力"舰队"；支持中国出版传媒股份有限公司等 3 家中央国有大型出版传媒集团公司上市融资；继续支持符合条件的新闻出版企业在主板上市，鼓励和引导中小新闻出版企业在中小企业板及创业板等市场上市，构建多层次新闻出版融资渠道。

观点连接

《中国新闻出版网》：黄河出版传媒集团有限公司是将宁夏人民出版社及其所属的两个副牌社和四个期刊社、宁夏广播电视总台所属的大地音像出版社、自治区教育厅所属的宁夏教育书刊发行社、宁夏新华书店系统、银川市新华书店以及宁夏博誉印刷物资公司进行整合组成国有独资的投资经营公司。

《新华网》：黄河出版传媒集团有限公司党委书记、总经理杨宏峰介绍，改制后的黄河出版传媒集团有限公司是以图书、期刊、音像、数字、影视、互联网等出版物的策划、编辑、制作、印制、复制、出版、发行、传媒为主业，兼营出版物资供应、职业人才培训、广告设计制作、网络数字传媒，并向其他产业延伸的现代综合性文化产业集团。公司将以出版资源和无形资产为基础，以出版相关产业和经营项目为纽带，积极向影视传媒、网络信息、电子出版和其他第三产业辐射，逐步提高核心竞争力和整体实力，建成跨地区、跨行业、跨所有制、跨媒体的大型出版文化产业集团。

权威发布

蔡武，文化部部长

蔡武：我们将加快资源整合的力度，推动培育建立一批骨干龙头的文化企业。下一步我们还要加速国有文化资本向重要领域、关键环节集中，鼓励和引导各类社会资本进入文化产业领域，支持和扶持民营文化企业的快速健康发展。

徐全心，江苏省演艺集团有限公司京剧院院长

徐全心："事转企"得到了江苏省演艺集团有限公司大多数员工尤其是中青年演职人员的理解和支持，集团公司转企改制后，政府通过采购、奖励、演出补贴、贷款贴息等形式，鼓励集团公司创新剧目、下基层演出，极大提高了公司员工开展艺术创作的积极性，同时保障了物态中坚力量的利益。

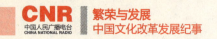
李朋义，中国教育出版传媒集团有限公司党委书记、总经理

李朋义：一个出版单位，过去作为一个事业单位不是市场主体。不是市场主体，你就没有投融资的权力。因此，我们三大集团都成了市场竞争主体，我们就能够在资本层面上进行运作。还提到国际化的问题。目前国际上庞大的集团，不管是大众出版传媒集团还是教育出版传媒集团，还是专业出版传媒集团，有效的成长途径都是进行资本的扩张。可以这样说，只有通过资本的手段，在资本市场的扩张，才能够迅速地把整个资产规模、产业规模做强做大，这是一个方面。

第三章

院团改革破茧化蝶

【案例1】

中国东方演艺集团：一个崭新的文化品牌

中国东方歌舞团——中国东方演艺集团有限公司。一个巨大的跨越。然而，改变如此波澜不惊，仿佛有些不可思议。

2009年11月12日，中国东方演艺集团有限公司正式成立，成为文化系统首批由"经营性文化事业单位"直接转制为"国有独资公司"的中央文化企业。2010年1月，演艺集团第一位"吃螃蟹"的改革者顾欣走马上任，成为董事长兼总经理。

改到难处是人员。几十年的事业单位一夜之间变成了企业，这样的落差并不是人人都能接受的。集团未来会怎样发展？演员的艺术生命比较短，以后的生活会不会有保障？面对演职员的这些顾虑和担忧，中国东方演艺集团先后召开了各种座谈会，组织全体员工学习中央有关文件，阐释文化体制改革的重要意义及给院团带来的积极影响，促使他们从思想上认同改革，从情感上接受改革。

大到老职工的退休安置问题、脱离一线的演员转岗再就业问题，小到职工自有车辆的停放问题，中国东方演艺集团新任领导班子通过深入细致的思想工作，彻底打消了大家的顾虑。演艺集团下属的东方歌舞团团长徐丽桥感慨万端：因为演员身份转换工作有一个很好的政策配套，工作安排循序渐进，所以我们没有产生突如其来的不顺应感。

改革后谋发展　不发展没出路

"不改革是死路一条，但改革后不发展同样是死路一条。改革是硬道理，发展是真出路。"这是顾欣常说的一句话。"员工们最关注的，是能不能为他们提供施展才华的更大平台和更广阔空间，这也是我们致力开拓的。"

从中国东方歌舞团到中国东方演艺集团，转企改制，并不仅仅是换个标牌那么简单。"以前的东方歌舞团，全团 300 多人就只为一台晚会服务，造成了人员的大量闲置和浪费。声乐演员有 56 名，器乐演奏员有 72 名，他们几乎无事可干。"东方歌舞团副团长兼声乐指导郭蓉说。为了使资源得到合理分配和有效利用，中国东方演艺集团建立完善了符合市场竞争和产业发展需求的组织架构体系，重新组建了相对独立的四大演出分团：东方歌舞团重点创作演出亚非拉、欧美风格的节目；中国歌舞团重点创作演出民族音乐舞蹈节目；东方流行乐团力争引领中国流行音乐时尚；东方民乐团则以创作演出世界各国的民乐为主。各个分团不再是单一品种的演出队，而是人、财、物、营销相对独立，歌、舞、乐多品种组合，具有独自作战能力的"混成旅"。

徐丽桥说："以前千军万马挤在一台节目里面，造成了大量的资源浪费。划分出四个团，不仅能使资源得到合理分配、有效利用，而且还能适应不同的细分市场。"

中国歌舞团团长刘江说："新的管理体制给了我们更大的自主权，但也提出了更高的要求。比如以前我们只管演出，而现在人、财、物都得管，还要学习以前从没接触过的《合同法》，尽管陌生，但感觉很充实。"

纵向横向延伸　确立品牌价值

如何打造一个成功的文化企业，对于集团来说是一个很大的挑战。

由于长期处于事业体制内，人们对企业应该怎样运作、文化产业应该怎样发展等问题认识不足，为此，集团着力打通了一条知识储备、组织储备和人才储备的高速公路。"不讲职称高低，不讲职务大小，不讲工龄长短，不论资排辈，而只看能力，看效益，看贡献，看业绩。做到多劳多得，能进能出，能上能下。这些制度令一大批青年人才脱颖而出，2010 年集团个人累计获得国际、国内各类奖项及荣誉称号 44 项，其中 50% 以上为青年演员获得。"徐丽桥说。

在改革实践中，中国东方演艺集团彻底转变了"皇帝女儿不愁嫁"的观念，狠抓节目质量，打造完整的产业链，利用中国东方演艺集团的品牌优势，从纵向和横向不断延伸，从而实现"演艺为主、多元发展""演艺产业化、产业立体化"的发展目标。纵向输出品牌、输出管理、输出标准、输出价值，在全国各地打造中国东方演艺品牌；横向打造一系列跟演艺有关的衍生产品，包括开展艺术教育培训，建设演艺中心、演艺产业园。

集团将其演艺产品定位为"东方风格"——更时尚、更阳光、更美好。虽然已经转企改制，但毕竟是国家级艺术院团，因此既要满足市场需求，也要考虑导向性和示范性。总的来说，就是要打造具有核心竞争力、有东方风格、经得起市场检验的时尚的国际化产品。

改革激发了难以想象的活力、实力、竞争力，改革的成果充分证明了改革的必要性。尤其难能可贵的是，转企改制得到了老一辈艺术家的充分肯定和支持。王昆、谷建芬、李谷一等前辈艺术家对新体制、新面貌高度赞扬，他们在很多场合自觉承担起了中国东方演艺集团改革"宣传者"的角色。

对于未来的发展，中国东方演艺集团最大的压力并不是改革，而是如何让这块金字招牌在改革后焕发出新的光彩。相信不久的将来，中国东方演艺集团一定会真正成为演艺产业化、产业立体化、资源集群化、人才国际化、市场全球化、品牌资本化的国际演艺文化产业航母。

"成绩斐然、目标明确、人心凝聚、各司其职"，是中国东方演艺集团艺术总监陈维亚对集团现状的形容。他说，经过一年多的改革锤炼，从演出场次到经济收入、社会效应，都取得了前所未有的成就，这些成就让集团上下看到了改革的必然性和合理性。集团认识统一，是关键的一步，今后尽管还会出现各种困难，但改革的信心是不会变的。

走在春天里，正是中国东方演艺集团今天的心情。

【案例2】

30年长盛不衰的河北大厂评剧歌舞团

这是一个奇特的文艺院团：30多年前差点解散，今天是文化体制改革的典型单位；团长初中没毕业，半路出家写剧本，却拿下了几乎所有国家级喜剧大奖；院团级别不高，县级而已，却屡上央视等各大电视台春晚，合作包括赵本山、赵丽蓉、何庆魁、宋丹丹等明星大腕；人员不多，一年却能演出 200 多场，坚持 30 多年，被农民称为"咱们自己的院团"，这个剧团就是"河北大厂评剧歌舞团"！

2009 年 12 月，有 36 年历史的河北大厂评剧歌舞团整体转制为国有独资的河北大厂评剧歌舞团演艺有限责任公司，由全民所有制事业单位转变为企业性质。公司成立了董事会和监事会，实行董事会领导下的总经理负责制。

只有真正与农民心贴心，才能写出让农民喜欢的作品

"你的服务对象是谁？剧团的定位是什么？我觉得这是院团改制中首先要考虑的问题。"赵德平说："我们的定位很明确：扎根基层、服务农民。"

而在许多人眼里，这是一条走不通的"死路"——不要说下乡演出的艰苦，单是农民的经济状况就不足以让剧团赚钱。面对种种说法，赵德平不为所动，他想得很清楚：无论是从物理距离上还是从心理距离上，县级文艺院团都是离农民最近的文化队伍；农村经济在发展，农民的文化需求在增长，"9 亿农民是多大的市场？不用说每个地方都去演，只要 1% 的农民看我们的戏，我们也演不完啊。"

秉承着这样的信念，30 多年来，大厂评剧歌舞团走遍了大江南北、长城内外，从白山黑水到海角天涯，从东海之滨到雪域高原，到处都留下了他们的足迹。

实践证明，这条路走对了，走通了。剧团在服务农民中日益壮大，现在剧团每年有七八个月在下乡巡演，演出收入 60% 来自农村市场。

"关键是老百姓爱看咱们的戏，都是自己掏钱买票来看的。"一提起自己的创作，赵德平就不那么谦虚了："我体会，只有真正与农民心贴心，才能写出让农民喜欢的作品。"虽然全家都已经"农转非"了，但是赵德平至今仍住在老家，睡土炕、吃粗粮，还自己承包了十几亩地，挖了一座鱼塘，只要有空闲时间，就到地里去干活。"每次一回家，村里的男男女女、老老少少就来找我聊天，我给他们讲笑话，他们给我讲家里村里的新鲜事。有时就连两口子闹离婚、兄弟分家都找我帮忙调解。"

虽然学历不高（初中没毕业），但是深厚的生活积累使赵德平知道农民爱什么、恨什么、想什么、要什么，这样下起笔来就很容易找准了点。反映农村党风问题的《啼笑皆非》、呼吁保障妇女权益的《罪人》、透视干部制度弊端的《男妇女主任》、描述妇女解放思想历程的《大门里的媳妇》和反映新时期女性的电视连续剧《当家的女人》原型都是他身边的人。这些来自农村生活的作品清新朴实，厚重深刻，带着浓浓的乡土味儿，演到哪里就火到哪里。

一次，剧团在河北省三河市段甲岭乡庙会上演出现代戏《水墙》，白天已经演

了3场，晚场还要为全国农村文化工作会议作专场演出。夜里11点多，专场演出结束，但是远道而来的几千名农民观众仍然没有离去，他们听说这部戏特别精彩，"多少钱一张票，也得看一场"。为了不让大伙儿失望，剧团在夜里11点40分又加演了一场《水墙》。回忆起当年的情景，赵德平有些激动："我们演员嗓子都哑了，但是观众那个热烈啊，台上台下融为一体，真过瘾！"

"我一直认为农村火热的生活永远是取之不尽的艺术宝库。"赵德平说，"有人说'农'字太土，作品难有大出路，我认为'农字是金'，只要平下心、扎下根，黄土就能变成金。"

改制让剧团走出了困境

大厂评剧歌舞团1974年建团以来，常年扎根基层、服务农民，被誉为全国文化战线上的一面旗帜。近年来，随着市场经济的不断发展，国有文艺院团旧有体制的弊端日益显露，大厂评剧歌舞团也面临着管理体制滞后、经济效益相对萎缩、人员素质相对偏低、经营规模难以扩大等问题。

让人想不到的是，去年年底，意味着丢掉铁饭碗和事业编制的变革居然波澜不惊，剧团3天时间就顺利实现转企改制。原有事业编制的34名演职员按照"老人老办法"的原则，以企业职工身份与公司签订了劳动合同；原有的32名合同制演员，解除原劳动合同，与公司重新签订劳动合同，工龄连续计算；距退休年龄5年内的演职员，在本人自愿的基础上，实行了妥善分流。

为什么能进行得如此顺利？赵德平解释说，大家早就认识到了剧团面临的困境，一直希望通过改革进一步放开手脚，谋求剧团更大的发展。"以前的职工存在相对年龄偏大、素质偏低的情况，但我没有用人权，无法改善。今年以来我们已经在各类艺术院校招聘青年员工30多人，职工的年龄、学历有了根本的改善，公司的发展有了坚实的人才基础。"

改制提升了员工的活力

改制后，大厂评剧歌舞团演艺有限责任公司按照现代企业制度要求，成立了董事会、监事会和各业务部室，制定了一系列规章制度，真正实行了按劳取酬，激发了员工的积极性。青年演员张军旗既能演口技，又能演手影，改制前月工资3000多元，改制后，他一边参加团内演出，一边联系演出业务，月收入成倍增长。

改制让剧团甩掉了"包袱"，同时也失去了"靠山"，完全靠自己在市场里搏击。

改制后，县财政依旧按照去年的编制拨付费用，但已不再是"人头费"，而是转变为"采购"公司文化产品的经费。66人的经费109人分配，当然捉襟见肘、难以为继。为拓展生存空间，公司大力激发员工潜力，靠新品、精品开发占有市场。改制前一年出台综艺节目不过6台左右，而改制后仅仅半年时间，就创作同类节目达到20台。"员工素质与积极性的提高增强了我们搏击市场的竞争力，场均演出收入由过去的两三万元提高到现在的6万元以上。我们今年的演出合同已经签到了10月底。"公司编导石学广自豪地说。

改制激发了公司的雄心

有着"全国扎根基层模范院团""全国三下乡先进集体"等荣誉称号的大厂评剧歌舞团，改制后的演出定位何去何从？大厂评剧歌舞团演艺有限责任公司的回答是：继续发扬传统，和农村不断根，和农民不断情，要有责任意识，创作健康向上的作品。

"谁说农村戏只能在农村演？赵本山的小品影视全是农村题材，城里人不照样爱看？"董事长赵德平的诘问增强了公司的自信。为创作高质量的作品，公司通过"专业作家+公司员工"的模式，创作出了《新铡美案》《菜地情缘》等节目和《平安中国》《农民的欢笑》等深受观众喜爱的文艺晚会。

改制半年多，大厂评剧歌舞团演艺有限责任公司让"资源变产业、剧目变项目"，走上产业化发展的道路，成为公司上下追求的目标。目前，电视剧《当家的女人》姊妹篇《进错门的女人》已脱稿，并与华视影视公司签约，国庆节前正式开机。全国第一个农村文化题材影视基地、全国首家农村题材艺术创作研发中心等项目正在延请专家认证。改制，真正激发了这个县级"小"文艺团体的雄心。

【案例3】

山西演艺集团：立志如山行道如水　跨界合作走出去

2012年2月中旬，全国文化体制改革工作会议在山西太原举行。会议期间，主办方为与会代表准备了一台精彩的文艺晚会，其中，山西演艺集团创作的二人台《幸福全覆盖》受到好评。这个节目是山西演艺集团组建后，为振兴山西二人台这一传统优秀艺术新创的一部二人台小戏，短小精悍，反映了山西省委、省政府实施新农村建设民生工程"十个全覆盖"带来的巨大变化。

山西演艺（集团）有限责任公司是2011年4月通过整合山西省歌舞剧院、山西省晋剧院、山西省话剧院、山西省京剧院、山西省曲艺团5个财政差额补助事业单位组建而成的。山西省直5个文艺演出院团除晋剧院经批准保留事业体制外，其余全部转制为企业，并分别注册为集团的子公司。

演艺晋军，集群起航。山西演艺集团成立一年来，亮点不少。

分流人员、整合资源

文艺演出院团转企改制，被视作文化体制改革中一块难"啃"的硬骨头。山西演艺集团按照"老人老办法、新人新办法"的原则，参照兄弟省市的成功经验，针对省直5个文艺演出院团现有人员的实际情况，在职在编的事业人员作为"老人"，妥善安置，平稳过渡。在确保人心不乱、队伍不散、工作不断的前提下，顺利结束了5个院团人员的分流安置工作。

山西演艺集团确立了"创机制、聚人才、闯市场、出精品"的发展战略，重新整合配置资源，延伸产业链，建立与新的生产方式相适应的新体制、新机制。新组建成立的演出公司、舞台美术设计制作公司、艺术培训中心、演出院线、网上票务系统及宣传网站投入运营，初步形成演艺产品研、产、供、销一个完整的产业链条。

山西演艺集团积极引进民间资本，对集团所属院团进行股份制改造，盘活资产，实行资本运作，建立现代企业制度。目前，山西演艺集团已经和上市公司永泰投资控股有限公司签订合作意向书，双方将在平等互利的原则下，成立山西黄河演艺文化产业股份有限公司，以山西本地文化为立足点，以影视、传媒、演艺、动漫等文化产业以及延伸产业为主营方向，合作共赢，为实现打造山西经济新的增长点和提升文化软实力作出积极贡献。

人才与力作频出

山西演艺集团旗下院团曾涌现出一大批优秀艺术家，如丁果仙、王爱爱、田桂兰、李胜素、王秀芳、牛宝林等，培育出精品力作晋剧《打金枝》、歌舞《黄河儿女情》、话剧《立秋》、京剧《走西口》等，其中话剧《立秋》、京剧《走西口》入选国家舞台艺术精品工程优秀剧目。著名艺术家张继钢、阎维文、戴玉强等也是从山西这块土地走向全国乃至世界。

山西演艺集团成立以来，打造独具特色的精品力作成了最大"营生"，集团适时提出创作"三个一批"的目标任务，这就是立足山西丰富地域文化资源，站在世界和国家文化发展制高点，对众多重大文化资源进行梳理、研究和提炼，制定出5年创作规划，即"双十"工程——创作10部反映山西文化、具有山西特色的精品力作，打造10部文化与旅游相结合，并能在大型景区落地的文艺娱乐作品。2011年，在整合资源优势的基础上，晋剧院挖掘历史文化创作出大型新编历史剧《武则天与狄仁杰》；京剧院为纪念辛亥革命百年推出《知音》，并在第六届中国京剧节上摘得银奖；话剧院为弘扬右玉精神创作出反映右玉人民几十年顽强拼搏坚持植树造林改善生存环境的话剧《立春》。

一年来，通过改革，山西演艺集团解放了文化生产力，推动了演艺市场的繁荣和发展，"等饭吃"变成"找饭吃"。歌舞剧院推出"省歌之夜"，京剧院推出"周末剧场"。2011年，演艺集团所属5个院团共演出963场，比2010年增长45%，演出收入首次突破2000万元，取得经济效益和社会效益双丰收。

针对山西是资源大省的实际情况，山西演艺集团为了配合省委、省政府狠抓安全生产，宣传安全发展理念，集中歌舞剧院和曲艺团精锐力量，创作了《平安礼赞——安全文化走基层》大型综合文艺晚会，其中二人台《幸福全覆盖》、配乐诗朗诵《国家财富》成为品牌节目。目前这台晚会正在山西各大型企业和基层巡演，今年已预订出70场，预计演出将突破100场，仅此一项演出收入将超过2000万元。

据介绍，山西演艺集团今年将继续打好晋商文化牌，创排京剧《乔家大院》、曲艺剧《老来乐》、大型民族交响乐《佛乐大典——五台山》、大型歌舞剧《人说山西好风光》等。

跨界合作走出去

一年来，山西演艺集团利用整合后的资源优势，采取多种形式，大胆探索，努力在经营方式转换上、在投融资方式上有所突破，为所属院团快速发展搭建多种平台，不断提升核心竞争力。与中国对外文化集团签订合作框架协议，就共同实施走出去战略达成一致；与中国文化传媒集团签订合作意向，就剧目的共同创作和国内外演出市场的共同营销取得共识，进一步推动演艺集团跨地区、跨行业合作。

山西演艺集团精选优秀节目，通过加强与省外和海外社会中介机构的联系合作，先后组团参加了多个国家、地区的文化交流。如省歌舞剧院民乐团民族打击乐"行云组合"一行赴台湾演出；省歌舞剧院《黄河情韵》艺术团受文化部委派，在春节期间赴智利参加了国际艺术节，赴墨西哥参加了中墨建交 40 周年庆祝活动，同时还参加了在智利、墨西哥举行的"欢乐春节"文化活动，受到了文化部外联局和我驻墨西哥、智利使领馆的肯定，在宣传和推介山西文化方面，充分发挥出文化使者和文化外交的作用。

深入采访

文化部 6 月 27 日在贵州贵阳召开全国国有文艺院团体制改革工作座谈会，全面部署完成国有文艺院团体制改革阶段性任务的收官工作。目前，全国文化系统承担改革任务的 2102 家国有文艺院团中，完成改革任务的院团已达 1852 家，占比近九成，改革相对滞后的地区正在全力推进相关工作，可望于近期完成既定任务。从全国范围看，以企业为主体、事业为补充，面向市场、面向群众的新型演艺体制格局已经形成。

党的十六大以来，我国国有文艺院团体制改革经历了由试点先行、稳步推进到攻坚克难、全面推进的过程。2003 年召开的文化体制改革试点工作会议明确提出，国有文艺院团改革的重点要由机制变革转向体制创新。2009 年，中宣部、文化部在总结试点院团改革经验的基础上，下发了《关于深化国有文艺演出院团体制改革的若干意见》，要求各地坚持以转企改制为中心环节，及时扩大国有文艺院团改革试点，2010 年后将此项工作向面上推开。从 2009 年至 2010 年间，全国新增转企改制院团数量达到 409 家，是过去 6 年总和的近 8 倍，为改革全面推开奠定了重要的实践基础。2011 年，中宣部、文化部下发《关于加快国有文艺院团体制改革的通知》，进一步明确了国有文艺院团改革的"路线图""时间表"和"任务书"，改革进入全面攻坚期。各级党委、政府将国有文艺院团体制改革摆上重要工作日程，加强领导、全力推进，各级文化行政部门积极行动、狠抓落实，推动改革工作不断取得新的突破。据了解，全国各省（区、市）普遍成立了由省级领导挂帅的改革工作领导机构，以省级党委、政府的名义出台了配套政策措施，有 10 个省（区、市）的党政主要负责同志先后亲临一线指导国有院团改革工作，有 9 个省（区）将院团改革列入"一把手工程"，为如期完成国有文艺院团体制改革阶段性任务，提供了有力的组织保证和政策保障。

文化部有关负责人告诉记者："国有文艺院团体制改革阶段性任务的完成，标志着党的十八大前文化体制改革中最艰苦的攻坚战已经取得决定性胜利，延续多年的国有文艺院团旧有体制格局成为历史。"

文化部党组书记、部长蔡武在座谈会上发表讲话时说，体制转换的完成只是迈出了改革的第一步，深化改革的任务更为繁重艰巨，文化系统要清醒认识国有文艺院团体制改革工作的长期性、艰巨性和复杂性，将工作思路及时调整到深化改革加快发展上来。当前要着重抓紧两方面工作：一是做好检查验收，严格规范，坚持标准，确保改革"可核查、不可逆"；二是继续完善政策扶持，文化部与有关部门正根据中央部署，共同制定新的扶持转制院团改革发展的政策文件，近期将出台。各地在贯彻落实好中央政策的同时，应抓紧制定更具针对性和适应性的地方配套政策，对转制院团"扶上马、送一程"，努力打造大批新型演艺市场主体。

记者：国有文艺院团体制改革走过了哪些历程？

文化部：国有文艺院团的事业体制，是在革命战争年代形成的文工团基础上，通过建国初期对私营剧团、班社实行"改人、改戏"而形成的。后来，又学习了前苏联管理剧院（团）的模式，逐步形成了计划经济体制下按行政级别、区域划分分层设置剧院（团）的布局结构。

改革开放以来，国有文艺院团不断探索改革创新的路径，如 1983 年试行"承包制"，1988 年倡导"双轨制"，1989 年实行"聘任制"、精简国有文艺院团演职员工，1994 年推行"全员考评聘任制""目标责任制"和"工作实绩结构工资制"等，在当时的历史条件下对推动国有文艺院团的发展发挥了重要作用，也为以后的改革积累了宝贵经验。但总体而言，这些改革并没有深刻触及国有文艺院团的体制，更多的是着眼于完善机制。实践证明，如果体制不改革，只在机制上打转转，无法解决根本问题，更无法推动国有文艺院团持续快速发展。

党的十六大进一步明确了文化体制改革的方向和目标，为国有文艺院团体制改革提供了新的历史机遇。2003 年，全国文化体制改革试点工作会议召开，提出要以发展为主题，全面推进体制机制创新，切实推动国有文艺院团深化改革。2005 年，中共中央、国务院《关于深化文化体制改革的若干意见》（中发 [2005]14 号）出台，强调除体现民族特色和国家水准的国有文艺院团实行事业体制、由国家重点扶持，其他院团要逐步转制为企业。2009 年，中宣部、文化部《关于深化国有文艺演出院团体制改革的若干意见》（文政法发 [2009]25 号）出台，明确了以转企改制为中心环节、全面推进国有文化院团体制改革的方针原则、目标任务、改革路径和政策措施。2011 年，中宣部、文化部《关于加快国有文艺院团体制改革的通知》（文政法发 [2011]22 号）出台，进一步明确了国有文艺院团体制改革的路线图、时间表和任务书，标志着国有文艺院团体制改革进入全面推开的新阶段。

记者：如何理解全面推进国有文艺院团体制机制创新？

文化部：体制机制创新是文化体制改革的重点，是国有文艺院团深化改革的核心。国有文艺院团全面推进体制机制创新的主要任务，包括以下方面。

一是按照中央关于除了体现民族特色和国家水准的艺术院团，其他国有文艺院团要逐步转制为企业的要求，把转企改制作为国有文艺院团体制改革的中心环节，加快改革进程，积极培育新型合格市场主体。

二是按照"整合资源、调整布局、优化结构、提高效益"的要求，实行结构调整，大力推进演艺资源重组，积极推进有条件、有实力的院团引进战略投资者，以资本和业务为纽带，进行适应市场规律的兼并和重组，着力提高产业集中度，优化院团发展环境，提高演艺业整体发展质量和水平。

三是按照"面向市场、转换机制、增强活力、改善服务"的要求，积极推进保留事业单位性质的国有文艺院团深化内部机制和管理制度改革，着力提高其适应市场和服务群众的能力。条件成熟的，鼓励其转企改制。

四是加快形成统一、开放、竞争、有序的现代演艺市场体系，打破按部门、按行政区划和行政级别分配文化资源和产品的传统体制，打破条块分割、地区封锁、城乡分离的市场格局，更大程度地发挥市场在演艺资源配置中的基础性作用。

五是积极转变政府职能，加强和改进演艺领域宏观管理，推动文化行政管理部门逐步实现由办文化为主向管文化为主转变，由管微观向管宏观转变，由主要面向直属单位转为面向全行业，履行好政策调节、市场监管、社会管理、公共服务的职能。

记者：如何在稳定的前提下积极推进国有文艺院团体制改革？

文化部：改革是手段，发展是目的。稳定是前提。国有文艺院团改革涉及广大演职员工的切身利益，我们必须在稳定的前提下，积极稳妥地推进改革。

第一，要从大局出发，切实做好中央精神的"解说员"和"落实者"。要充分考虑到文化体制改革的特殊性和复杂性，加强和广大演职员工的沟通和交流，通过各种有效的工作方式，把中央的方针政策讲透彻，把改革发展的思路讲清楚，把职工利益安排讲明白，把近年来院团改革和发展的各种政策和措施落实好，让广大演职员工看到希望、受到鼓舞、踊跃投身改革。

第二，要坚持以人为本，走群众路线，努力解决广大演职员工的后顾之忧。一是充分尊重广大演职员工在改革中的主体地位，把推进改革和做好思想工作有机结合，多方听取群众意见和建议，民主决策，平等协商，齐心协力地推进改革。二是积极稳妥地做好改革中群众最关心的问题，如人员身份转换问题、院团的历史遗留问题等，为院团成功转制创造有利条件，努力解决院团转制的后顾之忧，使转制院团"卸下包袱、轻装上阵"。三是充分发挥院团党组织的战斗堡垒作用，团结和带领工会、共青团等群众组织，做好群众的政治思想工作，切实维护、保障好院团职工的权益。四是根据中央政策和当地实际，努力为转制院团未来发展争创扶持政策，创设演艺企业发展良好的外部环境，促进转制院团与市场的顺利对接。

第三，要严格遵守信访制度和程序，认真做好信访工作。对国有文艺院团团体制度改革中的信访工作，要坚持属地管理、分级负责，谁主管、谁负责的原则，及时化解矛盾和纠纷，妥善解决问题，保护信访人权益。要做好应急预案，及时、妥善、有效应对突发事件，确保社会大局稳定。

观点连接

《人民日报》：2009 年 11 月 12 日，中国东方演艺集团有限公司在京举行成立大会，是文化系统首批由"经营性文化事业单位"直接转制为"国有独资公司"的中央文化企业。转企改制以来，中国东方演艺集团本着"不拘一格选人、唯才是举用人、千方百计育人、优惠政策留人"的用人理念，彻底打破束缚人才创新发展的条条框框，把人才从体制的藩篱中解放出来。2012 年，集团在去年的基础上改进了考核制度，为实现"以改革求活力、以创新谋发展、以品牌创效益"三大目标。

《中国文化报》：始建于 1974 年的大厂评剧歌舞团，30 多年来始终坚持扎根基层、改革创新，把舞台搭进了全国广大城市和农村，并通过电影、电视把节目送进了亿万家庭，深受群众欢迎。2009 年，大厂评剧歌舞团由全民事业单位转制为国有独资的河北廊坊大厂评剧歌舞团演艺有限责任公司。

权威发布

顾欣，中国东方演艺集团有限公司董事长

顾欣：作为艺术工作者，不能盲目自恋。其实文化人在很多方面都没有话语权。我们到底为社会创造了多少财富？给子孙留下了多少财富？不能总是吃老祖宗留下来的东西，或者弄一次性或短时间内消费的文化产品。想到这些，我老睡不着觉，所以学习了很多金融、政治的东西。相比起那些还在睡觉的人，我只是起得早了一些。但你对睡觉的人讲太阳的明亮他们很难理解。可是，今天的东方，只剩下了这块牌子，如果不把它们开发好，就会慢慢被埋没了。所以睡觉的人不能睡太长了，要早点醒过来。

徐沛东，著名作曲家

徐沛东：我认为，"东方"的改革，一是可以在创作上有所突破，即突破那种中国人唱外国歌、跳外国舞的情况，集中全社会的优秀创作力量，创作出可以征服海内外的、为人们所喜闻乐见的优秀作品。二是可以以品牌吸纳更多的优秀表演人才。转制后的"东方"可打破以前只进不出的人事政策，可根据艺术的哪些需要吸纳各方人才，增强企业的活力和感召力。还有一点，那就是改革要允许实验和失败，同时呼吁上级给予更多的优惠和扶持政策，确保改革取得成功。

郭长虹，南开大学历史学院文物与博物馆学系副主任

郭长虹：我比较看好中国东方歌舞团的转制和发展。作为一个事业单位，中国东方歌舞团发展到今天已经很好了，转制以后资源配置将更为合理。从加快发展的角度来说，如果不具有企业身份，没有明确的产权关系界定，很多时候没办法同别人合作。产品在市场上叫不叫座是受多种因素影响的，包括演艺产品本身的质量、品牌积累、营销手段等等。中国东方歌舞团已经架起有效的营销体系，是按照现代企业营销模式来进行商业演艺产品运作的。另外，该团不仅人才进出已形成机制，职工劳动保险也很完备，让大家无了后顾之忧。我相信，转制后的中国东方歌舞团会有更好更快的发展，给全国的院团做出示范。

赵德平，大厂评剧歌舞团演艺有限责任公司董事长

赵德平：以前的改革都是小手术，这次的改革是大手术。为了谋求更大的发展，我们决定主动转制。转制将为大厂评剧歌舞团的跨越发展提供重要的历史机遇和广阔平台。我的心情很迫切，早就盼望着用制度管人、管事，这一天终于到来了。

第四章

文化"航母" 破浪起航

【案例1】

凤凰传媒上市 中国传媒入资本市场

2012年5月14日上午，备受关注的江苏凤凰出版传媒股份有限公司（证券代码为"601928"）在上海证券交易所鸣锣上市。成为党的十七届六中全会后文化产业IPO第一单。IPO发行价为8.8元，融资规模达44.8亿元，这是我国传媒行业迄今为止最大规模的发行。凤凰传媒一开盘就表现不俗，开盘价为12.03元，最高达到12.97元。凤凰传媒在A股市场成功挂牌，意味着中国传媒第一股正式进入资本市场，将在出版产业界产生标杆意义。

国家新闻出版总署办公厅主任、新闻发言人范卫平见证了当时激动人心的场面。

范卫平：在上海敲锣的时候我去了，我作为见证人。去年创造了若干个第一，它们一次性融资是44.78亿。

作为中国出版传媒行业龙头，凤凰传媒A股IPO受到了市场投资者的广泛关注和追捧。网上、网下发行认购气氛非常热烈。本次凤凰传媒公开发行的募集资金投资项目集中在实体网建设、教育类图书出版项目、信息化及电子商务建设等方面。顺应发展趋势，凤凰传媒力图通过资本市场，打造有全国乃至国际影响力的新优势。

擅长资本运作和运用金融工具是凤凰传媒的一大亮点，这些年来，他们把主营业务作为支点，用金融工具作为杠杆，撬动发展，取得喜人业绩。而在估值的背后，是扎实的业绩支撑。凤凰传媒 2010 年销售收入 54.07 亿元，净利润 6.63 亿元。在出版领域，每年出版的图书和电子音像出版物超过 1 万种，总码洋超过 40 亿元，在行业处于领先地位。在发行领域，发行品种总数达 40 多万种，总码洋 50 多亿元，连续 19 年保持全国图书发行规模第一。2009 年凤凰完成海南新华的并购，被誉为中国书业标志性事件。

凤凰传媒成功融资，成为当时 A 股市场传媒行业第一大市值的上市公司。目前，江苏凤凰出版传媒集团旗下，已经拥有凤凰置业和凤凰传媒两家上市公司。资本市场的成功为江苏凤凰出版集团实现"总量翻一番，市值 500 亿"的目标创造了良好的基础，而破浪前行的航线选择同样关键。

董事长陈海燕说："江苏凤凰出版传媒集团正在启动数字化战略，打造从出版、印刷，到教育培训、网络游戏、大型文化消费综合体的全媒体产业链。"

陈海燕：我们在一些有规模的中心书城打造为文化消费综合体，综合性的文化消费场所，我们简称为文化 Mall，它里面会包括：书城、影城、酒吧、茶吧、画廊、演剧场、动漫体验馆等等，业态非常丰富。

据了解，2011 年 10 月 24 日，凤凰传媒获得证监会无条件过会，成为传播与文化板块的第 22 家上市企业。从递交材料到挂牌上市，凤凰传媒的上市，前后只有一个月的时间。能获得证监会无条件上市，上市进程这么快，原因何在？

周斌：这主要是跟凤凰转企改制有关。我们搞了 5 年的改制，一路走来也并非一帆风顺。文化体制改革之前，图书出版属于公益事业而不是产业，原有的体制就像是孩子穿着铁布衫，虽然安全有保障却限制了生长发育。

作为一个上市公司，凤凰传媒有责任、有能力做出版行业的龙头、新型的行业航母。我们就是要脱掉铁布衫，换上运动衣，走上运动场，成为运动员。

记者：上市后有怎样的战略部署呢？

陈海燕：中国书业当今不缺图书供给，不缺阅读需求，但是有三样东西是急缺的。第一缺少全国性的图书大中盘，所以我们要打造以物流、发行、零售为一体的'中国书业第一网'，加强网点结构调整和文化 Mall 建设；第二缺少新业态的大型图书卖场。我们计划在'十二五'期间建设 12 座大型书城，并对旗下 700 多家门店升级改造，在省外发展自营书城，真正建设起一个覆盖全国的书业发行体系；第三缺数字内容，所以我们要打造数字凤凰，用几年时间完成技术转型，打造数字化的内容生产平台、投送平台，再现知识品牌，实现印前的全部数字化。

【案例2】

吉林出版集团的探索与发展

深化体制机制改革,推进持续快速发展

吉林出版集团作为首批文化改革试点单位已走过8年改革历程。来自北京开卷信息统计的一组数字,见证了吉林出版集团改革发展的足迹:2004年,集团版图书全国市场占有率为2.71%,排名第4位;2010年全国市场占有率为4.41%,排名第2位,增长1.7个百分点。动销品种2004年为6772种,2010年为24223种,同比增长258%。与此同时,《中国大趋势》《货币战争2、3》《图说天下》系列等大众畅销图书,在"低端做高""高端做低"的策略之下,实现了集团生活类、少儿类与教辅类读物的市场优势。自2006年至今,吉林出版集团先后有221种图书输出海外,集团版图书有6种获国家3个大奖,7种获国家版权输出奖,1种获版权引进奖,79种获国家级其他奖及省部级奖,输出版权212项350册。

而今吉林出版集团董事长刘丛星同新一届领导班子一道,为集团在"十二五"期间的发展做出长远规划,中心意题是"贯彻落实全会精神,深化法制机制改革,推进持续快速发展"。

充分分析集团发展大环境的优势与劣势,把中央确定的文化产业为国民经济支柱产业,上升为国家战略和意志作为重大战略机遇。同时吉林省委省政府在吉林文化体制改革的《实施意见》的提速计划中,已将出版集团股改上市、跨区域联合重组,东北亚出版产业园等改革发展工作列为政策和资质和强力扶持之中。给前进中的吉林出版集团带来强劲的动力。同时刘总还就出版产业面临的挑战细致分析,如国际传媒集团进入、民营书业崛起、数字出版冲击、资本市场的兴起等各种因素,都是集团发展所需要面临的问题。十二五期间,集团要在这几个问题上加大改革发展力度,其中总产出达到65亿元,上市融资10亿元,保持全国市场占有率第二位。

四个核心:即以增长为核心;以建立现代出版传媒产业为核心;以股改上市为核心;以提升员工凝聚力和幸福指数为核心。八个战略定位:集团战略定位、股份公司战略定位、子分公司战略定位、产品战略定位、产业战略定位、新业态战略定位、资源整合战略定位、人才发展培养战略定位。以战略决定组织,以组织服从战略,紧紧围绕全会精神,全身心投入改革和发展中去。目前吉林出版集团正在进行股份

制改造，前期作业已就绪，出版产业园建设也正在立项待批，力争在十二五期末，建设成集传统出版、数字动漫、多元发展、资本运营为一体的大型出版传媒集团。

"八年探索，八年升华。"吉林出版集团总经理胡维革带着欣慰与感慨向记者介绍，在机制改革方面，吉林出版集团实现了九大转变：通过管办分离，建立企业性质的集团和进行资产授权经营，实现由传统的出版体制向现代企业制度的转变，开始制度创新；通过母子公司体制的建立与产权关系的明晰，实现集团与成员单位之间由传统的行政隶属关系向以资产为纽带的产权关系的转变，实行经营体制创新；通过实行党委领导与法人治理结构相结合，实现由传统的行政领导方式向现代企业领导方式的转变，实现领导体制创新；通过国有资产监督管理制度与管理办法的建立与执行，实现内部管理机制的创新；通过领导干部制度改革，实现用人机制的创新；通过劳动制度改革，由传统劳动人事管理方式向建立现代人力资源管理体系转变，实现人事劳动用工机制创新；通过分配制度的改革，实现了从传统的企事业工资制向建立现代企业薪酬体系转变，实现了动力与压力机制的创新；加强党的领导，健全出版管理制度，为保证正确出版方向建立起有效的保障机制；初步实现了经营管理者和员工思想观念的转变。

国内首家地方出版集团兼并中央部委出版社

2008 年 4 月 17 日由吉林出版集团与中华工商联合出版社合作成立的中华工商联合出版社有限责任公司在北京成立，这是中央和国家机关所属出版社与地方出版集团跨区域战略重组的第一家出版单位。

国家新闻出版总署署长柳斌杰，中共中央统战部副部长、全国工商联党组书记、第一副主席全哲洙，吉林省委常委、宣传部部长荀凤栖，全国工商联副主席沈建国，中国出版集团总裁聂震宇，中宣部出版局局长张小影，新闻出版总署出版管理司司长吴尚之，国务院新闻办三局副局长吴伟，北京市新闻出版局局长冯俊科，吉林省新闻出版局局长胡宪武等出席了成立大会。

柳斌杰代表新闻出版总署对新公司的成立表示祝贺。他指出双方的合作是在自愿协商、互谅互让、友好谈判的基础上形成的，实现跨地区跨部门的资金、人才以及出版资源的有效整合，实现出版单位的兼并重组，提高竞争力，解放文化生产力，对于打造市场主体具有标志性意义，符合中央和总署的有关政策规定，为即将开展的中央各部门各单位出版社体制改革工作起到了积极的示范作用。全哲洙在讲话时指出，吉林出版集团与中华工商联合出版社的合作是用新体制新机制探索组建具有市场竞争力的出版合作实体,既是在激烈的出版物竞争中出版社自身发展的需要,也是按照中央关于文化体制改革的总体要求进行的出版体制改革的有益实践。原吉林省委常委、宣传部部长荀凤栖在讲话中肯定这种新的组合可以充分体现体制优势,利用出版资源,推动出版事业更好更快地发展。

柳斌杰:"跨地区合作打破了原有条块分割、地区封锁的市场格局,推动了跨地区、跨行业联合,培育了资产和资源集中度高的大型出版传媒集团,是我国出版发行企业深化改革的实质性探索,具有示范意义。"

强强联合资产纽带　出版进军京师

在全国图书零售市场占有率排名前两位的中国出版集团公司与吉林出版集团有限责任公司日前宣布,双方将在内容资源整合、数字出版、人才培训等 6 个领域进行战略合作。新闻出版总署副署长邬书林、吉林省副省长王化文、中国出版集团公司总裁谭跃等出席签约仪式并讲话。会议由中国出版集团公司党组书记王涛主持。

邬书林希望两家出版集团公司以签署战略合作协议为契机,放眼世界、志存高远、脚踏实地,把出版事业做得更认真、更扎实,为出版强国建设和中华民族的伟大复兴作出应有的贡献。邬书林要求,要把十七届六中全会精神落到实处,特别是在走中国特色文化发展道路方面要有高远立意;在应对飞速发展的数字化和信息技术革命上,两家集团要有战略举措;在实实在在推动出版业发展和内容创新等方面要有重大突破;要服务国家经济社会发展的主战场,为中国文化的繁荣发展作出应有贡献。

谭跃说:作为全国出版行业的龙头企业,中国出版集团公司已经形成图书出版、进出口业务、艺术品经营三大支柱产业结构,在全国图书零售市场占有率一直排名第一。而吉林出版集团作为全国具有较强影响力的地方出版集团,在企业微观运行机制上充满活力,近几年来在全国图书零售市场上排名第二。双方将为对方在北京和东北发展提供必要支持,在激烈的市场竞争和行业变革中实现共同成长,共同繁荣。

在内容资源上,谭跃介绍,中国出版集团所属的现代出版社与吉林出版集团所属的吉林人民出版社,共同发起设立"中吉联合文化传媒(北京)有限公司",将着力开发高端图书与大众图书。其中,中国出版集团方面占 51% 股份,吉林出版集团占 49% 股份。在数字出版上,双方确定以中国出版集团公司"大佳网"为平台进行数字出版、图书宣传和网络销售的合作,推进传统出版向数字出版的转型升级。

在物流合作上，以中国出版集团顺义物流基地为平台进行仓储、分发、物流等方面的合作，努力创造物流这一"第三方利润"。

谭跃介绍，在"走出去"方面，以集团公司所属的中国图书进出口总公司为载体，加强双方之间出版物进出口业务和海外业务的合作。在印刷材料购销上，以"中版联纸张公司"为平台，开展纸张等印刷材料的统一购买合作，提高市场话语权和定价能力。此外，双方还将实行管理干部、编辑骨干的相互挂职，开展交流与相关培训。

谭跃认为，这种集团层面的战略合作，将有利于发挥两个大型出版集团的区位优势和资源优势，提升双方在全国图书零售市场的占有率和影响力。

刘丛星表示，吉林省委省政府、省委宣传部、省新闻出版局已将吉林出版集团股改上市以及做强做大出版产业、跨区域联合重组、实施走出去工程列为吉林省文化产业发展的重点任务之一。

深入采访

记者： 署长，想请教您，您提出打造和培育5～10艘国家出版传媒"航空母舰"，有没有具体的时间表？

柳斌杰： 有具体时间表。通过第一阶段的改革，新闻出版单位转企改制任务已经完成，目前，我们正着手重点推动"三改一加强"，通过兼并、重组、股份制改造，集中资源、资产和出版实力，打造国家主力舰队，这就要求培育一批国家级的航空母舰，同时与地方出版集团配套，形成我国有实力参与世界竞争的新闻出版产业阵容。我们正在打造四个国家级的大型出版传媒集团，同时，地方已涌现出一批较有实力的出版传媒集团也有望进入国家队，到"十二五"末，要完成航空母舰的编队与出海，参与世界文化竞争。

记者： 哪几个出版传媒集团有望加入这个舰队呢？

柳斌杰： 从国家层面看，以整合中央各部门各单位出版社为主，组建四个大型出版传媒集团。一是中国出版传媒集团，以社会科学、学术出版为主业；二是中国教育出版传媒集团，以教育、教材、教辅出版为主业；三是中国科技出版传媒集团，以科研、科普、科技类出版为主业；四是中国国际出版集团，以外文出版为主业。这四个集团的基本框架已经形成，目前分两步推进工作：第一步，把这些核心企业变成股份公司，上市融资，扩大资本，这一步已正在进行；第二步，其他已经转企改制的出版社，通过各种方式充实到四大集团中，组成国家级的四大主力舰队，其产业规模可达 1500 亿元人民币，计划用两年左右时间走完这一步。

记者：地方出版传媒集团是不是也能够参与进来？

柳斌杰：能够参与进来。近年来，地方出版传媒集团通过上市融资扩大实力，已经在做大做强方面迈出了重要步伐。比如，江苏凤凰出版传媒集团、湖南中南出版传媒集团、江西出版集团、安徽时代出版传媒集团、吉林出版集团等，目前总资产和营收都已达到 100 亿～300 亿元人民币的规模。同时，众多地方出版集团、发行集团自愿进行联合重组，形成规模较大的出版企业，也将成为国家队的重要后备资源。

记者：您提出以强有力的政策鼓励出版传媒企业进行跨媒体、跨地区、跨行业、跨所有制、跨国界发展，强有力的鼓励政策有哪些？

柳斌杰：目前，鼓励政策主要集中在四个方面：一是国家的税收减免政策。如，转企改制以后的出版传媒企业可免交所得税，该政策将持续到 2016 年。这期间，出版传媒企业可以积累一大批资金用于发展，增强自身实力。二是国家产业支持政策。国家文化产业资金和政府的各项资金重点向完成转企改制的出版传媒企业倾斜，支持它们扩大规模，研发新技术，增强生产能力，这方面的支持力度很大，"十二五"期间，国家层面就将投入 90 多亿资金。三是政府公共行政资源的支持政策。比如，出版资源的配备，各种生产要素的重新整合，都将向优势的出版传媒集团集中。四是在土地、国有资产转变成股份等资产层面的政策支持。这四个方面的政策都强有力地支持了出版传媒"航空母舰"的组建。

观点链接

《新华日报》：拥有出版、发行完整产业链的凤凰传媒拥有多个"第一"的光环：国家一级出版社数量位居全国第一，图书发行规模连续 19 年保持全国第一，实体网络的数量、规模、商业面积全国第一，物流中心的规模、科技含量、运营能力全国第一，成为全国首家资产和销售收入双超百亿的大型国有出版集团企业，在世界品牌实验室发布的"2011 年中国 500 最具价值品牌"中列 242 位。

《光明日报》：凤凰传媒主要发起人和控股股东——江苏凤凰出版传媒集团有

限公司是大型国有出版集团企业，2010 年营业收入 142 亿元，总资产 272 亿元，净资产 127 亿元，连续三届入选"全国文化企业 30 强"，在世界品牌实验室发布的"2011 年中国 500 最具价值品牌"中列 242 位。目前凤凰传媒已成为我国除人民教育出版社以外唯一一家覆盖小学、初中、高中等全部中小学教育阶段的出版企业，品种和数量在业内均名列前茅。

《出版商务周报》：2008 年 4 月，吉林出版集团与中华工商联合出版社改制重组的中华工商联合出版社有限责任公司在北京挂牌成立，成为地方出版集团与中央和国家机关所属出版社跨地区、跨部门战略重组的第一家出版单位。

《中国青年报》：中国出版集团与吉林出版集团强强联手，在京召开"中国出版集团与吉林出版集团战略合作暨中吉联合文化传媒成立仪式"。即双方签署战略合作协议，在内容资源整合、数字出版、物流、印刷材料、国际合作、人才培训等方面根据各自优势进行战略合作和互惠支持。

权威发布

国家新闻出版总署署长柳斌杰表示，国家还将进一步加大政策引导，力争在"十二五"期间，重点打造和培育 5～10 艘国际出版传媒"航空母舰"。

柳斌杰：政策在目前主要集中在四个方面。一个方面就是国家税收政策的支持，比如说转企改制后的企业免交所得税，留给企业发展，这个政策一直持续到 2016 年。第二个是国家产业投资政策，国家的文化产业基金和政府的国务院基金向重点出版企业倾斜，支持它们扩大自己的规模，研发新的技术，增加生产能力。十二五期间，从国家来说，大概有 90 多亿投到这方面。第三个政策，政府拥有的公共行政资源给它倾斜，向优势的集团来集中优势的力量。第四方面，国家在土地、国有资产转变为股份这样一些资产层面政策也是倾斜的。那么这四方面的政策是强有力地支持了国家的（文化）航空母舰。

范卫平，国家新闻出版总署办公厅主任、新闻发言人

范卫平：我们现在在中央层面打造了三艘航空母舰，一个是中国出版集团，一个是中央教育出版集团，一个是中国科技出版集团。下一步，我们在发行方面准备打造两艘航空母舰，大型的发行物流集团。另外，我们在每一个省基本都有综合性的出版集团，而且都是成为主力军。

第五章

文化产业：中国经济新引擎

【案例1】

石景山：昔日钢城华丽转型京西商业中心

2001年北京申奥成功，万众欢腾，然而，对于百年钢铁企业"首钢集团"和它所在的北京市石景山区来说，却意味着搬迁、转型的巨大压力。巧合的是，双方都选择了"文化产业"。首钢集团党委副书记姜兴红回忆说，当时，这是一个艰难的选择！

姜兴红："首钢一直都是玩钢铁的，能不能搞文化创意产业？我们心里没有底。到德国鲁尔工业区，给我们感触最深的就是，过去工业用的厂房、设备都没有简单地拆除，而是保留下来利用、开发、建设，成为最著名的文化产业旅游区。"

京西，吴家村路南侧，一堵红色砖墙与大片大片的绿地在阳光下相映成趣。墙边，巨大的黑色老式火车头安静地停放在那里，曾经运煤、拉钢材的它早已"转型"，而今的任务是满足来往行人合影留念的需求。

这里，曾是北京著名的二通厂，但正如停放在厂区门口的老火车头一样，它"转型"了，今天，这里是全国闻名的"中国动漫游戏城"。

其中一座铸钢清理车间已经被彻底改造完毕，外立面整洁密实的红砖还是当年的老样子，但厂房的内部则被改造成了上下4层，巨大的玻璃幕墙和顶部的采光板，将自然光引入室内，少了往日的沉重，满是明亮、现代的感觉。

从 2005 年 6 月 30 日首钢炼铁厂 5 号高炉停产算起，到如今已 7 年，首钢百年老厂区，华丽变身为文化创意基地，原来的工业遗迹，成为首钢文化创意产业区的崭新资源。

石景山区也通过营造完善的知识产权服务体系、健全文化产业园区产业链等举措，吸引了数千家文化创意企业聚集于此。区委书记荣华说，石景山已经成为我国数字娱乐产业的闪亮名片。

虽然整体改造还在进行当中，但是去年，"中国动漫游戏城"已经急不可待地揭开了神秘的面纱，成功举办了"世界漫画大会"的盛典，来自世界各地的 200 位知名漫画家到场，3000 幅世界顶级作品集中亮相。

"中国动漫游戏城"的吸引力和"世界漫画大会"的影响力交汇，发挥了巨大的辐射带动效应，前来接洽的企业络绎不绝。事实上，"中国动漫游戏城"的"磁场效应"早就开始了，近年来，许多国内外的动漫游戏企业纷纷云集石景山，在离"二通"不远的瑞达大厦、万达广场、中关村石景山园，就有完美时空、搜狐畅游、盛大无线、巨人网络等国内动漫游戏产业的龙头企业聚集，其中全国前十位的网络游戏企业的总部或分支机构均已先后落户。

"首钢涉钢产业的停产，对石景山是挑战，更是机会。"该区有关负责人表示。搬迁前，首钢在石景山的地位可谓"重中之重"，其产值占全区经济总量的 60%。未来该如何发展？数字娱乐产业，成为石景山为未来选择的道路。"产业发展所需土地资源少、环境友好度高、产业附加值高，符合石景山发展需求。"该负责人说。

找准方向，石景山开始了一次前所未有的加速。"国家数字媒体技术产业化基地""国家网络游戏动漫产业化基地""中国电子竞技运动发展中心""国家文化产业示范基地""国家动画产业基地"等一大批国家级"牌子"落户石景山，文化创意产业快速起步、快速发展。

截至 2011 年底，石景山文化创意企业已超过 3000 家，规模以上文化创意企业实现收入近 200 亿元，年均增长 30% 左右。石景山的动漫游戏产业总值达 65 亿元以上，占全国产值的七分之一，文化创意人才超过 2 万人。

今后的前景更好。在"十二五"规划中，石景山提出了文化创意产业实现收入突破 240 亿元的目标，中国动漫游戏城、北京设计产业示范基地等将相继建成。

曾经的钢城，如今已是创意之城。

从转型初期的困惑迷茫到如今的方兴未艾，首钢和北京石景山区在文化产业方面的成功，是十年来中国文化产业大发展的一个缩影。

深入采访

2000年，国家《十五规划建议纲要》中首次提出了"文化产业"这个概念。十年之后的2010年，我国文化产业增加值占到了国内生产总值的2.75%。《十二五规划》提出，要推动文化产业成为国民经济的支柱性产业，20多个省市区提出"文化大省"战略，北京、上海、广州、湖南、云南等省市文化产业的比重已经突破5%，成为当地名副其实的支柱性产业。

除了规模、体量上的变化，我国的文化产业在运营机制上也逐步向国际市场看齐，文化产业市场的开放性、竞争性、活跃度大大增加。

2011年底，美国百老汇的经典舞台剧《妈妈咪呀》来到了中国。中国对外文化集团公司是《妈妈咪呀》全球华语地区版权的购买者，总经理张宇说，除了演出的火爆，他更看重的是，《妈妈咪呀》中文版从演员招募到剧情排练、市场推广，完全跟国际演出界的通用标准接轨。

"我经常听到别人说你们这个项目做得真成功，我每次都耐心地纠正，我们做的不是一个项目，我们做的是一个产业，是音乐剧这个产业。就是说从产业这个角度，它迈出了可喜的第一步，在《妈妈咪呀》这部戏上，我们和纽约百老汇是同一个起跑线"。

从更宽广的视野看，文化体制改革是经济体制改革在新世纪的深化和升华。高附加、高产出的文化产业不仅是一个国家软实力的体现，也是中国经济产业结构升级换代的重要环节。

近年来，国家从建设中国特色社会主义事业总体布局的高度对文化产业发展给予重点政策引导和扶持。据央行统计，2011年以来，虽然银行的整体贷款规模在收缩，但支持文化产业的贷款力度却在加大，截至2011年末，各大商业银行对文化产业贷款突破2100亿元。

资本市场也成为文化产业的另一个重要融资渠道。国家新闻出版总署办公厅主任、新闻发言人范卫平介绍说，文化体制改革以来，新闻出版行业改变了单一的政府投资模式，改革投融资渠道，迅速壮大了发展实力。

"上市融资，应该说取得了突破性进展。这个在过去也是不可想象的。可是到今天为止，正是因为改革让我们的新闻出版单位变成了企业，所以转企改制，公司制改造，股份制改造，到目前为止我们已经有49家各类上市企业在境内外上市。"

文化部文化产业司投融资指导处处长许蓉也表示，今后将重点支持文化企业到

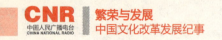
资本市场直接融资。

"到 2015 年，基本上就是要实现一个文化产业增加值的倍增，下一步我们要推动的是保险支持，还有就是推动文化企业上市，加快直接融资的步伐。"

权威发布

刘玉珠，文化部文化产业司司长

刘玉珠： 文化产业在今后的二三十年里，市场要求依旧会保持一个比较旺盛的状态，文化和科技的统合也会越来越高，这必将推动文化产业的进一步发展。我国文化产业投资主要靠市场来解决，投资的主体是非公经济。原来做地产、金融、矿山、电子通讯等领域的企业也已经聚集了一定的财富，他们也愿意把资金投到新兴的文化产业上来。可以说，文化产业是一个这些传统企业有限考虑的投资方向，主要有好的创意、比较成型的项目，资金还是比较充裕的。

第六章

握指成拳　综合执法

【案例1】

大学校园成盗版书"重灾区"　资源丰富受众广泛

2011年，据中国之声《新闻纵横》报道，图书市场盗版横行，已经是《新闻纵横》的老话题了。但在这个开学季，湖北的记者却在当地发现，校园正成为盗版书的"重灾区"。从学生教材到考试用书，甚至学术名著，高校校园里的盗版书资源丰富、受众广泛。

记者在某大学校内的一家书店看到，教辅盗版的情况十分严重。而书店老板为了能够在检查中蒙混过关，把正版书和盗版书混在一起，盗版书放在最下面。只有学生要看盗版书的时候，老板才会拿出来。

记者： 这个书是盗版的（还是）正版的?

书商： 你要正版（还是）盗版? 都有。

记者： 正版多少钱?

书商： 28元。

记者： 盗版呢?

书商： 15元。

老板告诉记者，一般盗版书质量还可以，而且价钱便宜，销售情况很好。

记者： 盗版的没有错误吧？

书商： 不会。现在盗版都高仿得很，一般都不会有错误。

记者： 那一般买盗版的比较多？

书商： 那肯定买盗版的比较多一些。

大三学生小蔡告诉记者，每隔一段时间，学校里都会有书商过来摆摊，里面不乏有盗版书，买书的人很多。

小蔡： 我们学校每隔半个月左右就会有外边的人进来卖书，摆一个很长的摊。上面的书都很便宜，大概是 2 元到 10 元之间。书的质量不是很好，从纸张一看就是盗版书。各类书都有，他每次来摆摊，一摆就是几天，买的人还是很多。

一名计算机系的大二学生向记者说，计算机专业的书普遍都很贵，一年教材价格大概 900 余元。现在，他们班的同学都不在学校订教材，都是自己出去购买教材。而且，学校指定的教材可能和学院任课老师要求的并不相同，学生即使在学校订了教材，也有可能需要重新购买。

记者： 你们学校没有统一给你们订教材吗？

学生： 有，学校刚开始有交钱，然后订教材。但是，交了钱，学校肯定拿一部分折扣吧。学校肯定要买正版的，钱加起来肯定很多。它卖华中科技大学出版社的书。这书质量又不好，老师让买其他的书，我们就自己买教材。

其实，一本正版书从开始策划到摆放到书店销售，要经历很多复杂的流程。中国人民大学出版社的一位编辑告诉记者。

编辑： 首先你要拿到版权，策划编辑要选好稿子，稿源要找好。出版社签好合同之后，文字编辑先看稿，策划编辑会就稿子的结构、内容做大幅度的修改。通常需要三审三校。还有就是设计封面，由设计公司设计好，统一给印刷厂。

她还向记者透露，一般的情况都是出版社以 6 折的价格将书卖给批发商，批发商再以 6.5 到 6.8 折的价格销售给书店。其中，出版商和中间商所获得的利润都是有限的，而盗版书则不需要支付版税，也不需要编辑校稿，所需要的只是制版费、纸张费和印刷费。相比正版教辅投入，盗版商的利润空间达到 50 % 甚至 70 %。对于正规出版社来说，盗版书有着巨大的市场竞争力和利润空间，对正版图书的冲击力是不言而喻的。

盗版书籍在大学校园里如此猖獗，学校是否应该采取相应的措施来加以制止？对此，华中科技大学后勤保卫部治安科的负责人对记者说，学校内的书店并不属于保安科管理，也没有对其进行定期检查。

保安负责人： 这个书店不是属于我们管，它是属于后勤集团市场部。我们倒没有检查，它是属于文化部门来检查，我们学校出版社可能联系文化部门检查，不是我们在管。我们配合学校的出版社检查过。

而具体负责高校书店管理的武汉市文化市场综合执法大队熊队长表示，他们经常会对校园内的图书市场进行不定期的检查，但效果并不明显。

熊队长： 我们就是日常检查，不定期抽查。根据出版社和群众举报，发现之后扣缴盗版书，根据数量和数额进行处罚。像展销一类的，需要经过省或者武汉市新闻出版局备案才行。

【案例2】

北京市文化市场执法总队

五月的北京，天气闷热。海淀图书城里，郭涌正在一家书店里翻书，他挑书的方式与众不同，拿起一本书，总是先去摸摸纸质。郭涌是北京市文化市场行政执法总队执法一队副队长，挑盗版书是他的日常工作之一。

郭涌与盗版书打交道已经有十几年，上个世纪90年代他在北京市新闻出版局执法队工作。当时，北京市文化局、广电局、新闻出版局等单位都有自己的执法队。新闻出版局分管出版书籍的版权监管和保护。郭涌说，当时书店少，目标集中，而且盗版书和正版书差别也很大，工作比较轻松。

基本上一眼就能看出来这是正版的、那是非法的。

不过，随着技术的发展，出版物量大了，盗版鱼目混珠的能力增强了，郭涌执法觉得有点吃力了。

包括光盘也一样，很难，真的很难，不敢说一眼就看出来。

更让郭涌和同事们为难的是，执法力量原本捉襟见肘，又分散在多个部门，执法过程中经常出现职责不清、职能交叉、多头执法的情况。

情况从2002年开始有了改变！这一年，文化体制改革正式启动。2004年8月，中央下发文件，规定了副省级城市文化市场综合执法机构的组建方式和职能范围，并冠以"总队"的名称。

仅过了7个月，北京市文化市场执法总队就正式挂牌，这支队伍汇集了北京市文化、广电、新闻出版、文物局四个部门的执法力量，攥成了一个拳头，向文化市场的不法分子重拳出击。

北京碟中碟盗版侵权案件宣判的现场音响：

被告人林真实犯非法经营罪，判处有期徒刑5年，并处罚金30万元，犯侵犯著作权罪，判处有期徒刑5年，并处罚金30万元。决定执行有期徒刑9年，并处罚金60万元。

今年4月25日，轰动一时的"碟中碟"盗版光盘案宣判，因未经授权复制《美国之音》《绝望的主妇》等多套海外音像制品，"碟中碟"老板林真实获刑9年。而这仅仅是北京文化市场执法总队成立七年中破获的一百余起大案之一。

除此之外，文化娱乐服务场所专项清理、网吧集中治理、打击互联网和手机媒体传播淫秽色情专项行动都让北京的文化市场震动不小，面貌一新。

执法效果显著的背后是执法主体的改变和执法职责的转变。

加入了总队，郭涌的工作从简单的地理划片日常巡视，到专业的负责出版物一条龙监管。

郭勇：从源头说，出版社、印刷厂，复制厂，包括批发市场、零售市场，搞专业执法，强调专业性。

【案例3】

长春市文广新局揭牌

"长春市文化广播电视新闻出版局""长春市文化市场综合执法支队"和"长春演艺集团有限公司"揭牌仪式，6月29日在长春市政府大厅举行。省委宣传部、省文化厅以及长春市有关领导出席仪式。

按照中央和省加快推进文化体制改革的意见精神，长春市对原文化局、新闻出版局、广播电影电视局和原文化市场执法机构以及市直文艺院团进行资源整合，组建"长春市文化广播电视新闻出版局""长春市文化市场综合执法支队"和"长春演艺集团有限公司"。这是长春市文化体制改革工作迈出的重要一步，为今后长春市文化体制改革发展提供了重要的体制机制保障，标志着长春市文化建设步入了一个崭新阶段。

新组建的 3 个部门，是长春市加强文化管理的重要力量，是推进长春市文化建设的主力军。揭牌仪式后，新组建的 3 个部门将快速投入到推进城市文化建设的实践中，理顺新部门的机构、人员、工作职责及运行机制，快速实现各项工作的有机融合，并努力激发文艺创作生产活力，繁荣舞台艺术，为人民提供更好更多的精神食粮。

深入采访

推进文化市场综合执法改革是促进文化市场繁荣健康有序发展的迫切需要，是实现文化产业又好又快发展的客观要求，是创新文化骨干管理体制的重要举措。要坚决贯彻落实《关于加快推进文化市场综合执法改革工作的意见》精神，加快推进改革工作，切实履行协调综合执法的职责。

首先要促进全国副省级及副省级以下城市整合现有文化、广播电视、新闻出版（版权）等有关行政执法队伍，2010 年底前基本完成文化市场综合执法机构的组建工作。

其次要总结文化市场综合执法工作经验，建立协调有序的文化市场综合执法运行机制。完善信息通讯、联席会议、区域协作、行政执法与刑事司法相衔接等长效工作机制，继续推行行政执法责任制，建立科学合理的绩效管理、评议考核、表彰奖励制度。

三要加强文化市场综合执法队伍的专业化、规范化、信息化建设。

——摘自文化部部长蔡武署名文章，刊登于《半月谈》2010 年第 15 期

要发展文化产业，离不开健康有序的文化市场。2009 年 9 月，文化部会同相关部委联合下发了《关于加快推进文化市场综合执法改革工作的意见》，10 月召开了

全国文化市场综合执法改革经验交流会，有力推动了相关工作加快进行。

省新闻出版局党组书记、局长胡宪武强调，要深入开展"扫黄打非"专项行动，加强出版物市场监管，确保全省出版物市场平稳、健康、有序。要加强版权管理，全面完成各级政府机关软件正版化工作；继续推进企业使用正版软件工作；严肃查处侵权盗版出版物；努力提高版权公共服务水平；继续加大版权法律知识的宣传普及力度。要深入抓好教材教辅出版、发行秩序的整治工作。重点查处印刷复制业违法违规行为，集中治理流通环节销售侵权盗版出版物行为，下大力气治理无证无照经营和报刊刊载虚假违法广告行为。深入开展打击假报刊、假新闻、假记者、假记者站专项治理行动，加强省外报刊驻吉林记者站和省内报刊所设记者站的管理。

同时，切实加强新闻出版从业人员队伍的政治、法律、道德、业务培训，建立健全从业行为规范，完善职业资格考试认定制度，严格掌握新闻记者证审核发放标准，严肃查处虚假新闻、有偿新闻、新闻敲诈等违法违规行为，为把握正确导向、推进产业发展提供坚强的组织保障。

截止 2010 年第一季度，北京、上海、重庆、浙江、广东、海南、山西 7 省市基本完成综合执法改革工作；11 个副省级城市和 142 个地级市（包括直辖市下设的区）建立了综合执法机构，9 个副省级城市和 132 个地级市实现了文化、广电、新闻出版三局合并，执法效率和依法行政能力明显提高。

2011 年，全国共出动综合执法人员 1224 余万人次，检查经营单位 742 万家次；责令经营单位改正 20.9 万家次，受理举报 4.9 万件，立案调查 6.4 万件，移交案件 3504 件，责令停业整顿 1.8 万家次，罚款 1.9 亿元，没收违法所得 410 万元。同 2010 年相比，出动检查人次增长 50.4%，立案调查案件增长 6.1%，移交案件增长 60.4%，办结案件增长 11.3%，罚款金额增长 28.5%，没收违法所得金额增长 120%，停业整顿家次增长 42%。案件办理数量明显上升的同时，质量也明显提高。从 2011 年全国文化市场十大案件和 50 个重大案件情况看，重大案件内容涉及演出、娱乐、音像、印刷、网吧、网络视听、网络出版、手机媒体等各个文化市场门类。新兴文化市场领域案件大幅增长，涉及侵权盗版的案件明显增多，刑事打击力度明显加大。北京、江苏、广东、河南等地办理了一批违法情节严重、社会影响恶劣、涉及人员和地区广泛的典型案件。建立了网络文化市场执法协作机制。2011 年 1 月至 10 月，全国各级文化行政部门或文化市场综合执法机构在纠正违规行为的同时，共受理网络文化案件 1762 件，立案查处 692 件，结案 555 件，使网络文化市场的违法违规行为得到了有效遏制。

　　河南省文化厅厅长杨丽萍在谈到文化市场综合执法改革的经验体会时说："改革只是管理的第一步。但是走出这一步，对于管好文化市场，综合繁荣文化市场，意义十分巨大。创新管理体制是实行文化市场综合执法的关键。河北通过合并文化、广电、新闻出版单位原有的三支执法队伍，既稳定了原有的文化市场执法队伍，又通过整合实现了执法力量的加强，从体制上保证了提高执法队伍整体素质的要求。"

　　在全国，像北京文化行政执法总队这样的成熟的队伍越来越多。截止 2011 年底，我国已全面完成副省级及以下城市综合执法机构的组建，大部分地市和区县也成立了综合文化行政责任主体。我国文化市场综合执法改革任务基本完成。

　　记者：全国文化市场综合执法改革以后，和以往相比在文化市场的执法效果、执法机制方面都有什么变化，能否请您举例说明？

　　柳斌杰：文化市场执法是改革的一个重要项目。按照中央部署，地市以下的文化、广电、新闻出版部门要实现三局合一、执法和行政分开的体制。从实践来看，这一部署集中、整合了过去分头、分散的执法力量，有利于加强地区统一协调，改变了过去多头执法带来的不便，城市文化执法力量得到了有效加强。

观点链接

　　《中国文化报》：在文化市场领域实行统一综合执法，创新监管机制，整合执法资源，是深入推进文化体制改革的重要内容。文化市场综合执法改革工作自 2009 年全面启动之后，截至 2011 年底，历时 8 年的全国文化市场综合执法机构改革画上圆满句号。通过改革，全国文化市场管理执法体制得到理顺，文化市场综合执法队伍建设得到增强，文化市场执法信息化步伐加快，文化市场监管效能显著提高。可以说，随着十七大以来综合执法工作的全面改善，我国文化市场管理水平迈上一个新台阶。

　　《鄂尔多斯日报》：党的十七届六中全会明确指出，今后一个时期，我国将不断深化文化体制改革，推动社会主义文化大发展大繁荣，进一步兴起社会主义文化建设的新高潮。2012 年及今后一个时期，我市文化市场综合执法工作将紧紧围绕"繁荣为先、依法行政、促进管理"的工作理念，坚持"公正、廉明、优质、高效"的要求，以管理规范、保障有力、务求实效为原则，以完善机制、提高素质、科学管理、依法行政为目标，不断开创全市文化市场执法工作的新局面，为全市经济社会发展营造良好的社会文化环境。

中国经济网：长期以来，我国文化市场的行政执法职能分别在文化（文物）、广电和新闻出版（版权）等多个部门。通过改革，各地整合了不同文化部门的执法力量，组建文化市场综合执法机构，在体制上解决了长期存在的职能交叉、多头执法和管理缺位等问题，文化市场执法体制和运行机制初步形成。综合执法机构组建全面完成。截至2011年12月31日，全国列入改革范围的401个地级市（含副省级城市及直辖市的区县）及2605个县（区）基本完成了综合执法机构组建工作，其中8个地级市和316个县（区）因执法区域重叠等原因，由当地政府明确不组建综合执法机构。目前地级市综合执法机构组建完成率为99.5%，县（区）综合执法机构组建完成率为93.2%。

权威发布

国家新闻出版总署署长柳斌杰指出，文化市场综合执法改革，使城市文化执法力量得到了有效加强。

柳斌杰： 把过去分头、分散的执法集中到一个执行体系里，有利于加强地区统一协调，改变了多头执法带来的不便。

中国政法大学教授来小鹏建议，应及早出台一部综合性的法律法规，为综合执法机构依法行政奠定法律基础。

来小鹏： 要建立一部统一的综合性的立法，解决综合立法的科学性和可操作性，也就是说，必须要满足我国文化发展的需求，协调不同法律和法规之间，比如行政执法和司法之间有一个协调的问题。

第七章

现代传播 中华文化的翅膀

【案例1】

数字图书馆：如何走入百姓家

在首都图书馆内，因为是工作日，读者不多，偌大个图书馆显得有点空旷。但六层的电子阅览室里，却早已坐得满满当当，就连等位的座椅也成了稀缺资源，有三四个读者只好站着等候上机。"图书馆里的数字资源非常系统、专业，检索起来很方便。如果机位再多点儿就更好了。"一位等候上机的读者说。

其实，在图书馆方面看来，为了让数字资源得到更加有效的利用，不仅要在馆里增加机位，还要大力开发建设数字图书馆。就是用现代化的网络信息技术把图书馆的服务送到寻常百姓家，让公众可以随时随地获取图书馆丰富、系统的知识和信息。

文化资源共享 打破地域限制

我国现有公共图书馆总量不足、服务资源偏少，与国际标准有明显差距。国际图书馆协会联合会的《公共图书馆标准》规定，每5万人拥有一座图书馆。国际图联、联合国教科文组织的《公共图书馆服务发展指南》规定，公共图书馆人均藏书量应达到1.5册~2.5册。而截至2009年，我国平均每46.8万人才拥有一座公共图书馆，公共图书馆人均藏书量仅为0.44册，均远低于国际图书联合会的标准。在北京大学信息管理系教授李国新看来，我国现有的2800多座公共图书馆未能摆脱"一个区一个图书馆、一个县一个图书馆"的旧有模式,无法形成满足公众文化需求的服务体系。

在公共图书馆资源不足的情况下,互联网、手机等新兴媒体成为公众获取知识和信息的重要渠道,也成为数字图书馆的传输途径和服务渠道。

记者在 2011 年中国图书馆年会的"数字图书馆推广工程互动体验区"看到,通过手机、平板电脑、电视等终端,用户可以便捷地进入陕西省图书馆的中华连环画数字阅览室,浏览《哪吒闹海》《逼上梁山》等经典连环画,可以身临其境收看首都图书馆《明清家具装饰纹样》讲座,还可以把国家图书馆的"艰难与辉煌——纪念中国共产党成立九十周年馆藏珍贵历史文献展"尽收囊中。

浪潮集团高级副总裁袁谊生这样描述数字图书馆的未来:"数字图书馆就像银行一样,通过一张服务卡,不仅能到所有的银行取款,还可以在家里、在车上用电脑、手机享受服务。"

现有资源不足　未能互联互通

然而,对于数字图书馆来说,在任何时间、地点,使用简便的数字化设备随心所欲地提取信息,还只是一种美好的展望。重复建设、标准不一、资源不足成为阻碍数字图书馆发展的"拦路虎"。

据了解,我国在建的数字图书馆项目,除了国家数字图书馆工程、数字图书馆推广工程等国家项目,一些商业性数字图书馆群雄并起,而由各图书馆自行建设的数字图书馆数量更多。缺乏统一规划、各自为战,不可避免地产生重复建设的现象,而且各个数字图书馆所采用的标准各不相同,给资源共享带来很多阻碍。国家图书馆馆长周和平认为:"已有的标准规范大多数可操作性不强,而在数字资源长期保存等关键领域缺乏普遍接受和广泛应用的标准,又导致部分已建数字资源无法利用,甚至永久消失。"

此外,资源不足是数字图书馆面临的又一个窘境。国家图书馆中文藏书有 690 万册之多,而在中国国家数字图书馆,目前只收入了其中的 26 万册藏书,不及纸质藏书总量的 4%。记者随机打开了部分电子书,发现很多只能阅览全书的前 24 页,真正实现全文阅读的并不多。没有足够的资源,再快速、便捷的通道也难以满足公众的需求。

技术不是难题　需要顶层设计

是否能够用"云计算"技术解决数字图书馆发展遭遇的种种难题,成为 2011 年

60

中国图书馆年会上专家学者关注的焦点之一。

通过云计算技术，各个独立数字图书馆的服务器将被整合到一起，形成一个大规模的"云"，由系统进行统一管理调度，实现资源和服务共享。专家学者认为，云计算技术在数字图书馆建设领域的应用，能有效避免重复建设，促进技术标准统一，而信息聚合度的提高，将使数字图书馆覆盖范围更广、成本更低。周和平表示，未来的数字图书馆建设应当借助云计算技术，打造无所不在的数字图书馆之"云"。

在国外，云计算技术已经在图书馆服务中得到应用。2009年，总部位于美国的联机计算机图书馆中心(OCLC)推出云计算服务——"Web级协作型图书馆管理服务"，将世界上一万多个图书馆的馆藏和服务连接起来，构成了一个全球图书馆知识库，用户只需通过一次检索，就可以得到所有图书馆的信息。此项服务的推出，被认为是图书馆"云时代"到来的重要标志。

除了图书馆业内人士，众多信息技术企业纷纷加入到数字图书馆建设的行列之中。2011年中国图书馆年会就吸引了浪潮、方正、英特尔、微软、IBM等国内外IT公司的目光。袁谊生告诉记者，云计算技术应用于数字图书馆建设已经具备成熟的技术基础，现在最关键的是要建立统一的资源加工、组织、保存、服务标准，这需要国家牵头，由图书馆、企业一起参与制定，统筹协调，而不能各自为战。

【案例2】

童书数字出版从产业链向价值链转变

6月30日，由接力出版社、接力儿童分级阅读研究中心、新阅读研究所联合主办的"童书数字出版研讨会"在京举行。研讨会以"童书数字化出版的创新与服务"为主题，围绕童书数字出版现状、我国港台地区童书数字出版业务状况、童书数字阅读平台、儿童数字在线教育、儿童网络社区、儿童网络游戏等方面话题展开了探讨。

与以往数字出版研讨会仅邀请业内人士进行"圈子对话"不同，此次的论坛，有很多业外的声音。学术界、出版界、教育界、阅读推广界、IT业界、图书馆界等专家学者，平时根本不会有任何交集的一群人，为一个共同的话题聚在一起。没有火爆的交锋，却时时有让人"耳目一新"的务实言论。

在中国国家图书馆少年儿童馆馆长王志庚眼里，数字形态的图书和传统图书在定位上应该截然不同。纸质书是用来"读"的，数字化的书则是"用"的。用和读不同的地方在于，"用"书能听、能读、能看，还要够好玩，在功能上对于数字出版有比较全面的要求。站在图书馆的立场，他希望传统出版和数字出版并存并用，特别强调数字出版品必须标准化，内容能集成化和体现知识性，平台最好社区化、个性化。

不可否认的是，眼下不少出版机构的童书数字出版由于定位不明，只是做了"搬家"工作。"童书数字出版不应只是把内容放到阅读终端上而不产生任何附加价值。"在数字出版专家王勤看来，出版机构未来应该把工夫用在内容生产上，做一个数字生产的再创作、再发现者，进而再去与各种终端融合。

中国少年儿童新闻出版总社社长李学谦认为，作为传统少儿社，不应成为廉价的内容供应商，更不能成为资源供应商，而应该努力去做数字的出版商和阅读服务供应商。更进一步来说，做阅读服务供应商首先要做的事情是提升自己的内容创新能力，同时不能急功近利，要扎扎实实稳步推进，要有顶层设计。就中少总社而言，李学谦要实现的目标是复合出版和全媒体传播。

新阅读研究所新媒体研究中心主任、悦读名品有限公司董事长张文虎同样觉得，传统出版社转型做数字出版，有些元素要密切结合在一起，比如技术、内容和体验，但出版机构一定要专注于内容。

问题是，内容真的掌握在出版机构手中吗？事实上，国内不少童书出版机构大量的数字版权并不在自己手中，一部分是因为国内原创作品尚未签下数字版权，一部分是由于国外引进版尚未取得数字内容授权。这也使得出版企业在进行下一步规划时变得举步维艰。

然而，另外一群人已经在行动。腾讯网儿童频道目前采取完全公益化的儿童社区服务，每天有 85 万活跃用户，他们正在广泛邀请出版机构和各方人士加入其平台，进行资源的互换合作。上海淘米网络科技有限公司图书出版部副总监金鑫透露，2011 年淘米图书各类总发行量接近 900 万册，334 个品种，销售接近 1.4 亿元。淘米期刊群每一期影响 100 万以上读者受众。在 APP 上线的童书产品 2012 年将有百种。不管是无缝对接终端的腾讯儿童频道还是从影视、游戏起家，延伸到纸质图书的内容原创再到如今童书数字出版规模不断扩大的上海淘米，都让人不得不正视，就"服务"而言，行业之间的界限正在模糊。

诚如中国儿童产业研究中心主任张远萌所说，对于儿童这个群体，不管是童装还是食品或是互联网、图书，都是在为其提供更好的生活。仅仅围绕某个产业链的研究已经不够，价值链的研究和开发正在发生。对于童书来说，文化与娱乐已经融合在一起，不拘泥于要做的东西是什么，而是孩子需要什么。不管是腾讯还是淘米，他们做的已经不是行业而是"生活"。

对于出版机构而言，又该怎样定位自己？"如果不想被别人取代，我们只有自己取代自己。"香港现代教育资讯科技有限公司内容发展总监陈思婷这样的表述似乎有些悲壮，但也透露出积极的讯息。她认为，在未来，编辑依然是出版机构的核心竞争力。尽管在初期，传统编辑对于数字化感觉陌生甚至排斥，但市场会引导他们走向成熟。"未来出版机构最大的优势依然在他的编辑怎么去看待想要传达的内容，怎样去整合那些内容，而这最终决定了做出来的产品是什么样子。出版机构在培养新时代编辑时，需要坚持。"

可以说，童书数字出版目前已经开始朝向跨平台多载体，虚实整合的世界迈进。但其中仍存在诸如平台瓶颈、内容瓶颈、资本瓶颈、人才瓶颈以及市场成熟度瓶颈等诸多制约因素。尤其相较于欧美发达国家及我国的台湾、香港等地区，我国的童书数字出版因版权保护、技术标准、平台建设、付费习惯等各方面因素的制约，盈利模式仍不清晰，发展起步略显迟缓。相对于日渐成熟的成人读物数字出版市场，有关中文童书数字出版的研讨与关注还远远不够。正如接力出版社常务副总编辑黄集伟所说，在童书出版领域，尤其在童书数字化转型过程中，我们有很多的梦想和希望，也存在很多难题，需要不同行业的人共同去研究，发出更多的声音。

深入采访

赶驴童子一声响亮的吆喝冲破城郊的寂静，踢踏的驴蹄声由远及近，沿河而上，湍湍急流声、船夫摇橹声、纤夫号子声、搬运劳工的嘿呦声、河边酒店的喧哗声……组成多乐章交响曲，这并非今人的梦回汴梁，这是"走进清明上河图"沉浸式数字音画展示。

在观众不触动触摸屏的时候，高清晰的整卷画卷在你面前缓缓展开，但是你的手一触摸这个屏的时候，这个画面就停住了，这时就会出现这个具体场景的声音，随着你的手的左右移动，这个声音的方位、角度也会变化，甚至出现跟画面内容一样的人物的对白，各种方言，比如叫卖声等等，帮助观众来读懂这件文物。

"十二五"期间，文化部、财政部决定在全国实施数字图书馆推广工程，全面提升各级公共图书馆的文献保障水平和信息服务能力。加快实施数字图书馆推广工

程，实现全国公共图书馆资源的无障碍共享，向基层群众提供多层次、多样化、专业化、个性化的数字图书馆服务，打造基于新媒体的图书馆服务新业态，成为中国图书馆界的重要工作。

在首届京交会数字出版大会上，来自传统出版界、技术界的代表及专家纷纷表示，我们正处在数字化带来的产业变革的转折点上，教育出版商正面对来自市场需求、自身定位、产业规划三大方面的挑战。总体而言，教育出版的数字化转型在未来具有非常广阔的市场前景。

文化行业研究员蔡灵认为，传统教育出版向数字化转型的过程中主要面对三大挑战。第一，市场需求已由宽泛向专业化转变。在纸质出版时代，我国教育出版长时间处于一个标准化的状态，教育出版的最大特点就是用最大规模的产品满足最大群体的用户需求。然而到了数字时代，随着义务教育的普及和高等教育的发展，人才培养模式逐渐趋于多元化和个性化，要想实现数字化就必须从根本上解决师生两大角色的不同需求。

蔡灵认为，如何从出版商角色转变到服务商角色是教育出版面临的第二个挑战。教育出版数字化实际上是从卖产品到卖服务的一个变革，也是从一次性销售产生收益到贯穿整个产品生命周期的长线综合收益的变革。而从标准化教材图书的生产商过渡到提供个性化教育解决方案的服务商，成功的重要标志就是出版商能否真正做到以服务为中心。

第三个挑战是从传统到数字的形态变化。数字出版实际上是一种知识密集型、技术密集型、资本密集型产业，传统的教育出版商向数字化教育服务商转型就需要依靠资源、技术、资本这三大力量，并且这三者也为过去半个多世纪出版业的发展做出了不可磨灭的贡献。从当前我国实际情况来看，实现数字化，这三块资源并不欠缺，最大的挑战是如何将这些资源进行全方位的有效整合。

研究总监张研霖指出，个性化的教育需求推动了个性化教育服务的发展，这也在一定程度上决定了教育出版要从提供标准化的教材、产品向提供个性化的教育服务转型。在过去，教育出版一直是高利润产业的代表，而随着我国经济环境的变化，数字化是一个必然趋势，相信通过社会各界的同心协力，三大挑战最终也会被克服，教育出版未来的市场空间也会更加广阔。

观点链接

光明网："数字图书馆推广工程"是文化部、财政部联合启动的一项重大文化惠民工程，旨在进一步加强公共数字文化建设、全面提升公共文化服务水平和能力。今天启动的推广工程系统平台培训，主要围绕年内即将推广的各项业务系统平台开展针对性的部署和实施培训，通过专家授课、上机实践和交流研讨等方式全面解析系统平台的技术架构、工作流程和部署管理，强化培训学员的实际操作能力，提高系统平台的应用与实施成效。

权威发布

蔡赴朝，中共中央宣传部副部长，国家广播电影电视总局党组书记、局长

蔡赴朝：我们要从国家和人民利益出发，加大工作力度，继续积极推动三网融合。一要加快有线广播电视网络整合和数字化双向化改造步伐，全国有线电视网络要实现一省一网，全国大中城市特别是省会城市要抓紧网络数字化双向化改造，为扩大三网融合试点做好必要的准备。二要着力在广电网络内容、技术、服务创新上下功夫，真正让人民群众感受到三网融合带来的精神文化生活新变化和新实惠。三要坚持业务发展与安全监管同步推进，进一步加强监管平台建设，确保网络信息与文化安全。

第八章

文化蓝海　创意争先

【案例1】

用创意的彩笔描画动漫热情

　　一头叫嚣要吃羊却永远吃不到羊的狼，一群用智慧战胜威胁并且运气绝佳的羊——广东原创动力文化传播有限公司推出的动画片《喜羊羊与灰太狼》看似简单的故事情节，却凭着幽默的对白、生活化的场景以及绝妙的创意，在孩子们和年轻白领中引起巨大反响。

　　原创动力的前身是一家小型广告公司，兼营电视剧。2002 年底，十六大召开，国家出台了《影视动画业"十五"期间发展规划》等多个文件开始大力扶持国产动漫，与此同时，电视剧陷入白热化的竞争局面，公司举步维艰，尝试转型做动漫。

　　刘蔓仪回忆说："2005 年 8 月，'喜羊羊'刚诞生时并不顺利，国外动漫品牌就像片中的'灰太狼'，文化市场上也没有羊儿成长的茵茵绿草。因为是国产动画片，授权商、厂家可能还是对国产动画的这个形象不是那么敢冒险，他们还是觉得境外的形象比较有商机。"

　　创意加亲和力，坚持讲自己的故事，动画片推出后迅速走红，占领了各大收视榜的榜首，但原创动力却再次陷入了困扰之中：片子红了，订单多了，新的投资，却断炊了。刘蔓仪说："我们企业最困难的是 06、07 年的时候，动漫行业的特点是投入比较多，但回报比较慢。"刘蔓仪和团队成员拼命咬牙坚持，甚至把自己的房子、车子贷给了银行，凑了一笔钱继续做原创。

同时，得益于政府日益重视创新、重视文化创意产业，使动漫产业从业者，感受到了很多来自政府政策的支持和助力。2006年7月，国务院办公厅转发了《关于推动我国动漫产业发展的若干意见》，文化部、国家广电总局、新闻出版总署等十部委组成"扶持动漫产业发展部际联席会议"，加快发展民族动漫产业。刘蔓仪说："国家那么好的政策、资金、动漫人才等等各方面的扶持，让我们增加了信心，也让我们度过了在现金流方面的一些困难和难关。"

执著与坚持终于有了回报，2009年第一部大电影《喜羊羊与灰太狼之牛气冲天》一公映，就创造了国产动画电影的奇迹。刘蔓仪说："电影制作和宣传大概只用了600万元左右，我们那个时候期待票房能过3000万元就很好了，想不到第一部的电影票房就达到了9000万元，也给了我们很大的信心，也让我们同行们感到很意外。现在我们每年春节档的贺岁电影票房都在一直增长，今年的《开心闯龙年》是1.66亿元的票房。"

熬过6年漫长投入期的原创动力终于赚到了第一桶金，喜羊羊电影的票房奇迹成为国产动漫业的一个标杆，到今年为止，每年一部的《喜羊羊与灰太狼》系列春节贺岁电影总票房高达5.3亿元，一举创下了中国国产动画电影的票房纪录。

从电视的热播，到电影的热卖，再到儿童玩具、杂志、音乐剧等门类众多的衍生产品的开发，创意、创新的产业运作模式，让"喜羊羊"的动画形象真正"动"了起来。

"喜羊羊"迎来了幸福生活！2009年拍摄的春节贺岁电影票房达到9000万元。从动漫衍生产品，到图书音像，从舞台剧，到嘉年华……鲜活灵动，熠熠生辉。国家广电总局副总编辑金德龙说，市场倒逼了民族企业的成长与壮大：这批动画片不仅在质量上有明显提高，而且在衍生产品的开发上，在产业的运营上都有了长足的发展。中国现在有一万多家动漫企业，这些企业逐步地走出一开始创业时的一种困境，有一些企业已经开始做大。

【案例2】

外来文化强势"入侵"？中国动漫如何突围？

7月6日至9日，第三届长沙国际动漫游戏展在湖南省展览馆举行。各类动漫展正在中国遍地开花。而像长沙一样提出打造"原创动漫之都"口号的城市，还有武汉、长春、贵阳等。

自2004年国家出台一系列动漫产业扶持政策以来，中国动漫开始了大跃进。但8年之后，繁而不荣的中国动漫困局引起各界反思。虽然中国取代日本成为世界第一动画生产大国，却有85%的动漫企业处于亏损状态，中国90%的动漫市场仍被日美产品占据。中国动漫原创能力薄弱的硬伤备受质疑。孩子们追的还是《海贼王》《火影忍者》，疯狂吸金的"功夫熊猫"乍听上去应当是典型的中国制造，但地球人都知道，这个粗手粗脚的家伙产自好莱坞。

6月30日，文化部产业司司长刘玉珠表示，中国现在还处于动漫发展的初级阶段，是动漫消费大国，而非动漫强国。

陷入"囧途"的中国动漫产业，当如何突围？中国文化产品如何输出自己的价值观？这不仅是一个经济问题，也是政治问题。

中国动漫困局

人人都说，动漫是座金矿。一个80多岁的"小熊维尼"就贡献了几十亿美元。但是这座金矿中国挖得实在够辛苦。号称动漫原创之都的长沙，走得也不轻松。中国动漫原创力缺失的硬伤，繁而不荣的中国动漫困局，已引起各界反思。

诞生在长沙湘雅路上的"蓝猫"

1992年，王宏在长沙湘雅路上一个小作坊里开始鼓捣他的第一只"蓝猫"时，没有人想到，"蓝猫"会以超过1600集的惊人篇幅，创下吉尼斯纪录。虽然人们批评"蓝猫"制作粗糙，有常识差错，但蓝猫对中国动漫产业起步阶段作出的贡献不容否认。并不占据资源与资金优势的长沙，一时领中国动漫风气之先，享有了"动漫之都"的美誉。

但长沙动漫原创力不够。蓝猫之后，山猫、虹猫等主要动漫形象都围着猫打转，两家动漫公司甚至为此打起了官司，以至有媒体形容"众猫闹潇湘"。随着国家一系列政策扶持，各沿海发达城市纷纷大力投入，长沙的动漫优势渐渐被赶超。2008年底，曾获得红杉资本投资的湖南宏梦海外上市计划搁浅。2009年，湖南电视动画片生产制作数量，由多年来的全国第一退居到了全国第四位。

事实上，这样的动漫困境，尤其是原创能力的薄弱，不是长沙所独有。2004年，国家十部委联合出台了包括建立动漫基地在内的一系列扶持措施，国家广电总局还颁发了一个对国外动画电影在黄金时段的禁播令。但是，这样的强力助推，并没有改变中国原创动画令人尴尬的位置，中国动漫产业陷入繁而不荣的困局。今年5月，在杭州举行的2012年中国国际动漫节上，一批动漫精英对8年来中国动漫产业化历程进行严肃的反思。

2004年扶持政策还没出来以前，我国动漫年产量仅在三四千分钟左右，现在竟达到二十多万分钟。面对这样庞大的制作成果，著名动画导演冯毓嵩用"鱼龙混杂、泥沙俱下"形容，批评有的作品如同白开水，情节故事十分贫乏，"只是众多的人物在里面瞎热闹，也不知道热闹什么。"有的作品体现了一些技巧、技术，但"还很幼稚，故事讲不通，电影语言也不通，为搞怪而搞怪，造型也很奇怪，基本功很差。"

中国不可能一夜之间成为动漫强国

为什么"思想贫乏，创意萎缩"会成为中国原创动漫的硬伤？一味追求数量，以拿到政府补贴等急功近利的心态是重要原因之一。

扶持政策出台之时，就有专家认为，因为政府对动漫行业的关注，一些钱和人自然会成堆地往里扎，以为这是一个可以快速致富的过程，各地都会紧锣密鼓加大投资。但罗马不是一天建成的，中国不可能一夜之间成为动漫强国，市场会乱一阵子。

据悉，某地方政府曾一度表示，愿意给在央视播出的三维动画片的当地制作公司每分钟高达1万元的补贴，二维动画片5000元补贴。一时之间，整个城市都被动漫这把火给点着了，很多公司纷纷拉开架势投入原创动画。但是，政府随即被大笔的补贴支出所吓倒，直接跟央视打招呼，"我们出的动画片你都不要收了。"随后，一大片动漫公司应声倒下。

难道可以靠国家政策千秋万代？

不少专家认为，中国动漫产业如果没有政府的大力扶持，不可能发展到今天这个程度。但针对"量大质低"的现象，政府应该尽可能鼓励创新。而现在政府是按分钟奖励，做出来一分钟就奖一分钟。

　　在杭州师范大学国际动漫学院院长王钢看来，宫崎骏的作品像成年老黄酒一样，你能从中读懂日本的文化；法国的电影，像好吃的冰淇淋；他们都带着明显的现代意识，并且具有本民族的文化和人文精神。而反观一下中国的动漫作品过去都拍了些什么题材？小鸡、小猫、小狗，神话传说寓言，我们所看到的都是一百年前、五百年前的事。

　　冯毓崇认为，中国的动画曾经有过非常美好的时光，中国最早的动画长片《铁扇公主》诞生于1941年。日本动画鼻祖手冢治虫就是被片中孙悟空的形象所折服，才放弃了原来的职业拿起画笔，创作出风靡全球的动画片《铁臂阿童木》。但现在人们对民族文化有一种虚无主义的态度，玩世不恭、恶搞穿越，动画作品的质量低下与这种状态直接相关。更有媒体直指中国原创动漫抄袭、凑数、无脑、忽悠的四大缺点，指出文化产品要有情怀，如果目标不高，怎么指望终点有多高？难道可以靠国家政策千秋万代？

深入采访

　　2006年7月，国务院办公厅转发了《关于推动我国动漫产业发展的若干意见》，文化部、国家广电总局、新闻出版总署等十部委组成"扶持动漫产业发展部际联席会议"，加快发展民族动漫产业。

　　文化部2008年至2009年实施"原创动漫扶持计划"，帮扶200多个优秀原创动漫作品和人才。广电总局开展了原创动画电影和少儿电视动画扶持。从2009年开始，新闻出版总署推出"原动力"原创动漫扶持计划，当年扶持了70个多个动漫出版物作品项目和人才。

　　2011年，中国动漫产业总产量达到26万多分钟，涌现了一大批优秀的动漫作品，正在追赶美国、日本等动漫强国。文化部文化产业司司长刘玉珠介绍：

　　到"十一五"期末，中国涌现出一批成功上市的大型动漫企业，年收入过亿的大型动漫企业达13家。

　　英国经济学家约翰·霍金斯曾经做过统计，全世界创意经济每天创造220亿美元，并以5%的速度递增。随着现代科技的发展，依托数字网络技术的动漫游戏、文化创意等新兴文化产业，正成为经济发展的新蓝海。

　　创意无止境。今年3月，"国产动漫新媒体联播平台"成立。利用云技术，汇

集互联网站、智能手机、互联网电视等新媒体，开辟了动漫产业的新空间。

在90后最喜爱的网络视频领域，土豆网与玄机科技签署了《秦时明月》合作协议，百度拿下原创动漫《星游记》的独播权，视频动漫版权的争夺战已然打响。

按照《"十二五"时期文化改革发展规划纲要》，我国将进一步加快发展文化创意、数字出版、移动多媒体、动漫游戏等新兴文化产业。文化部副部长励小捷指出，动漫产业是我国文化产业日新月异的一个有力注脚。

十七届六中全会提出"要推动文化产业成为国民经济支柱性产业，大力发展动漫的新型文化产业。"动漫产业作为一个新型产业和朝阳产业，是文化产业的重要组成部分。十二五时期，我国动漫产业要努力完成从"动漫大国"向"动漫强国"的转变。

观点链接

人民网：7月12日，文化部正式对外发布《"十二五"时期国家动漫产业发展规划》，这是我国动漫产业首次进行单列规划。根据《规划》，我国将从加大财政投入、保护知识产权、完善投融资政策、实行税收优惠、加强组织实施等5个方面加强对动漫产业发展的政策保障和体制机制保障，扩大中央财政扶持动漫产业发展专项资金规模；同时，引导社会资本以多种形式投资动漫产业，参与各类动漫产品的研发、创作和生产，参与重大项目实施，支持动漫企业上市融资；贯彻落实国家对动漫企业的各项税收优惠政策。

权威发布

范周，中国传媒大学文化发展研究院院长

范周：新兴产业就是因为"新"这个字使它在文化产业中具有了特殊的地位：它新就新在和科学技术的结合，新就新在和人民群众消费习惯的结合，新就新在它在市场上重要的份额和市场的占有率，新就新在和国际的接轨，新就新在这些产业的发展将会带动相关产业的发展。

第九章

民营企业　共谱交响

【案例 1】

横店影视基地

你也许想不到，每年热播的影视剧中，有四分之一是在浙江中部红土丘陵上的横店影视城，完成拍摄、取景和制作的。十多年前的一家小型民营企业，如今凭借着完整的影视产业链，吸引了450家企业入驻，仅今年一季度，营业收入就有42亿元。

电影演员吕良伟来过横店多次，他对这里的拍摄环境很满意。

"这里设备、设施各方面都还挺齐的，说古装的也有，民国的也有，配套各方面很成熟的，很多剧组会来这里拍摄。"

1996年，横店为电影《鸦片战争》搭建了一条拍摄实景"广州街"，从此与文化产业结缘。公司总裁徐永安说，发展初期并非一帆风顺，许多困难都看似难以逾越。直到2004年，国家批准横店建立首家影视产业实验区，发展之路豁然开朗。

"给我们许多支持，政策上的支持，舆论上的支持，如果没有这个文化体制改革的话，这是不可能做到的，发展到一定阶段可能就会停滞不前。"

2004年，文化部出台《关于鼓励、支持和引导非公有制经济发展文化产业的意见》；2005年，国务院颁布《关于非公有资本进入文化产业的若干决定》，叩开民营资本进入文化产业的大门。

风乍起，吹皱一池春水。各具特色的民营文化企业如雨后春笋般涌现，迅速将

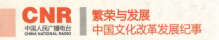

优势转化为市场奇迹。

横店集团创办于 1975 年。经过 30 多年的发展，特别是近年来紧紧围绕"打造国际化横店"的奋斗目标，通过整理资源，整合优势，凭诚信求生，靠科技做大，仗品牌做强，不断推进电气电子、医药化工、影视旅游三大主导产业的健康发展，从而以"世界磁都""中国好莱坞""江南药谷"美誉，使横店集团在做大中做强，进一步提升了企业的核心竞争力。2011 年，横店集团实现销售总额 357 亿元，完成利税 34.62 亿元，企业总资产达到 439 亿元，集团跻身"中国企业集团竞争力 500强""中国企业 500 强"和"全球华商 500 强"。福布斯"中国顶尖企业榜"，在中国民营企业自主创新竞争力 50 强中排名第 16 位。

横店集团投资 80 多亿建起 28 个实景基地，跃居成为全球规模最大的影视拍摄基地。宋城集团、中南卡通纷纷成为行业领军者。仅仅在浙江省，规模较大的民营文化企业目前就有 4 万多家，投资总额超过 1300 亿元，浙江省文化厅副厅长田宇原说，市场青睐弄潮儿："他们就是第一批吃螃蟹的人，然后活跃起来，做强做大，在整个文化产业的发展中是不可或缺的。政府要更好地为文化企业的发展提供服务，要做保姆，做守夜人，需要服务的时候，提供帮助，不规范的时候，来引导你。"

富有激情的民营资本，遇到的一个比较大的制度障碍——就是和金融市场的对接不顺畅。横店集团党委书记徐文财对此深有体会："整个文化企业这一块，基本上都比较轻资产，而且都是一些无形的资产，那只有政府来支持这块，才有相对应的投资的政策和融资的政策。"

【案例 2】

中国"电视剧第一股" 华策影视上市

文化与金融对接，让浙江华策影视公司尝到了甜头。2010 年，他们登陆创业板，成为"中国电视剧第一股"，形成年产 300 集电视剧的规模，目前正在筹建中国国际影视产业合作试验区。总经理赵依芳说，机制灵活是民营企业的优势所在！

"因为文化企业，它是创意性的企业，是人的企业，进行不同的体制机制的组建，这个也是很重要的。第二个呢，民营企业虽然它比较弱小，但渗透力并不小"。

2010 年 10 月 26 日上午 9 点 30 分，深圳证券交易所。随着市委副书记、市发展文化创意产业指导委员会主任叶明敲响上市钟声，我市文创企业华策影视（股票代码300133）正式登陆证券资本市场，成为我国"电视剧第一股"。国家广电总局、省委宣传部、省广电局及海内外主流电视台负责人出席挂牌仪式。参加仪式的还有国内顶级编剧刘恒、邹静之、麦家，著名影星邓婕等嘉宾。

叶明代表市委、市政府和市文创委对华策影视的成功上市表示热烈祝贺，对所有为此付出辛勤努力和大力支持的各界朋友表示诚挚感谢。他说，杭州是拥有8000年文明史和5000年建城史的文化名城，更是大气开放的创业天堂和充满活力的现代化都市。市委、市政府高度重视文化建设，大力实施"软实力提升"战略，提出建设"文化名城"、打造"全国文化创意产业中心"的发展目标，出台了一系列支持和推动文化产业发展的政策举措，取得了显著成效。文创产业已成为杭州发展新的重要增长点，一大批优秀文创企业脱颖而出，不断壮大，华策影视正是其中杰出代表。叶明指出，华策影视坚持面向市场，艰苦创业，在影视剧制作和发展方面取得令人瞩目的成绩，成为杭州乃至浙江文创产业发展的"排头兵"，有力体现了近年来杭州文创产业发展所取得的丰硕成果，充分展示了文创产业、文创企业巨大的发展潜力和广阔的发展前景。他希望华策影视以上市为新起点，进一步抢抓机遇、开拓创新，发挥优势、打造品牌，不断提升企业的社会效益、经济效益和核心竞争力，为建设社会主义先进文化、推动文化大发展大繁荣，为杭州建设"文化名城"，打造"全国文化创意产业中心"作出新的更大的贡献。

华策影视成立于2005年，公司秉持可持续发展的科学经营理念，依靠准确的产品定位、强大的发行能力、良好的品牌形象及资源整合能力，聚集了一大批优秀的业界人才，并与国内著名导演、编剧保持长期稳定的战略合作关系。在电视剧策划、制作、发行的完整的产业链上构建了公司的核心竞争优势。成功制作了上千集思想性、艺术性、观赏性俱佳的精品电视剧，涵盖古装、民国、现代、偶像、情景剧等多种题材，其中多部作品荣获国内、国际电视剧最高奖项"金鹰奖""飞天奖""五个一工程奖"、韩国首尔国际电视节"最高奖"，在全球华语影视市场呈现出强势发展态势。目前公司已形成年产约300集电视剧的生产规模，2007年、2009年，公司连续两届被国家商务部、国家新闻出版总署、国家广电总局、国家文化部评为"国家文化出口重点企业"。

华策影视股份有限公司总经理赵依芳说：我觉得作为文创产业来说，现在虽然刚刚起步，我大概用几个字来概括，第一看大势，我觉得十八大以后，中国文创企业还要有规范地、有规模地进入一个发展阶段，包括整个国际化水平的提升，文化的消费和文化软实力的传播，国家市场和老百姓市场都会有很大的提升，包括政策的红利会进一步推动，我觉得这是大势；第二抓主业，作为这么一个产业，不要想其他的，就把自己的主业做好；第三提升核心竞争力，抓好文化企业的价值管理。我觉得在主业上，我们的核心竞争力，我认为一个方面跟传统文化产业一样，就是内容和渠道，但是它的经济价值是它的文化价值，经济价值可能是它的衍生品价值。还有一个是传播文化的品牌价值，去发现它内在价值。渠道的不一样，我们觉得可能它的渠道，是随着高科技瞬息万变的。由于现在它的渠道有传统的，有新媒体，有高端市场，有大众市场，有国家传媒需求，有文化消费需求，有国内的、海外的，有各种海外的市场需求，这个变化是比较大的。

我们觉得我们要整合三种力量，创新力、科技力、品牌力。因为文化企业很特殊，因为它本身就是一个创新、创意的产品，你今天不创新就没有这个产业，因为传统的东西别人不会来掏钱的，从内容到渠道，到手段，比如说《泰坦尼克号》，做了一个3D，全世界就赚了很多钱。所以在全世界还没有发现它的价值，这也是一个资源整合。

第二是团队的整合，我觉得文化企业更需要理想、使命、责任，因为文化传播的不是有形的东西，是无形的东西，我们现在在整合的团队，一定要把中国的文化产品卖到全世界各个地方去，让我们中国的文化传播到世界各个地方去，是这样一个理想的团队。同时需要有创新的能力，同时也要有执行力和决策力。所以团队三统一，可能是提升文化企业价值管理比较重要的一个方面。

深入采访

演艺娱乐、动漫游戏、文化出版、文化旅游……民营资本把触角探向文化产业的各个领域。目前，非公有制经济所创造的文化产业增加值，已经占到全部文化产业增加值的一半以上，就业人数占三分之二。

今年2月，文化部发布《"十二五"时期文化产业倍增计划》，提出建立健全多元化、多层次、多渠道的文化产业投融资体系。

国家新闻出版总署署长柳斌杰也表示，在全国近36万家新闻出版单位中，民营出版发行、印刷、复制企业占总数的90%以上，但是，市场权重并不大。下一步，总署将大力支持优秀民营企业发展，为非公有制文化企业发展创造良好的政策环境和平等竞争机会。

"一是对民营书店要采取扶持政策，给予支持和补助。二是在出版环节，努力打通民营和国有出版机构的通道，三是支持民营企业开办面向国际市场的出版机构，让国有、民营共同推动文化大发展大繁荣。"

记者：在全国近 36 万家新闻出版单位中民营出版、发行、印刷、复制企业占总数的 90% 以上，这个份额是相当大的，在高度竞争的出版行业对民营企业有何鼓励和扶持政策呢？

柳斌杰：在企业的数量上，民营企业所占比重相当大，但是，从整个市场权重看，并不是占得很重，目前大型书城、大型发行网络都还是国有的。民营企业在改革开放之初进入出版领域，发挥了重要作用。一是活跃了市场，打破了垄断经营的局面，带来了市场竞争；二是方便了群众，众多的民营书业的摊点方便了群众阅读，受到群众的欢迎；三是繁荣发展了新闻出版业。我们国家发展新闻出版业的政策是坚持以公有制为主体，这个坚定不移。同时支持民营企业参与文化建设，这也是坚定不移。我们按照这个政策，大力支持民营文化企业参与国家许可的新闻出版行业的工作，主要在三个方面：一是印刷业完全开放的，民营参与的程度比较多；二是发行业，民营在发行这个环节上比较多，占了绝大多数；三是出版环节，民营企业参与了一些组稿、策划、制作、数字化等环节，这个我们也是支持的。

关于鼓励民营书业发展的政策，一是对民营书店要采取扶持政策，给予支持和补助，使民营书店享受和国有书店一样的减税、免税政策，支持民营书店继续发展。二是在出版环节，我们除了支持民营书业参与策划、组稿、加工、数字化等制作环节外，还在努力打通民营和国有出版机构的通道，鼓励大型出版集团同民营工作室进行多种形式的联合，发挥各自优势。此外，要建立民营出版工作室园区，给予特殊的政策，在保证出版质量把关、符合国家政策规定的情况下，让其参与出版环节工作。三是支持民营企业开办面向国际市场的出版机构，国家提供产业政策，支持民营企业到国际市场发展。

这些方面都要继续加强，鼓励民营书业参与文化建设，让国有、民营共同推动文化大发展大繁荣。

权威发布

刘云山，中共中央政治局委员、中央书记处书记、中宣部部长

刘云山：改革越是深化拓展、越是攻坚克难，越要加强组织领导、提供有力保障。要加强统筹协调，充分发挥各部门各方面的积极性，形成推进文化改革发展的强大合力。要落实和完善配套政策，在用好用足现有政策的基础上研究制定新的政策措施，不断优化文化改革发展的政策环境。要强化督促检查，细化目标任务，落实工作责任，切实做好深入细致的思想政治工作，充分调动广大文化工作者的积极性主动性创造性，确保文化改革发展的各项任务落到实处、取得实效。

朱虹，原国家广播电影电视总局新闻发言人，现江西省副省长

朱虹：今后将培育市场主体，推进国有影视企业股份制改造和上市融资。按照现代企业制度、现代产权制度的要求，积极推动经营性的国有影视制作单位、出版单位等转企改制和公司制、股份制改革，加快现代企业制度建设，使之真正成为自主经营、自负盈亏、自我发展、自我约束的市场主体。中国电视剧制作中心、中国广播电视出版社转企改制工作正在积极推进中。

共建网络精神家园

【案例 1 】

反思"鲁若晴事件"

"鲁若晴"是真的，我们为什么不敢相信？

从同情、赞美、质疑、骂战，再到证实、反思，"鲁若晴事件"在短短五天内峰回路转。

"鲁若晴"是谁？这几天，这个漂亮青岛女孩一直是互联网上的热门人物，但她受关注的理由令人心痛：年仅 23 岁的她患有严重白血病，却坦然面对可能随时到来的死亡。4 月 16 日，她以"鲁若晴"的账号开始在新浪微博上发布博文谈论自己的治疗情况，却鲜有人关注。直至上周六，一位拥有百万粉丝的新浪名博介绍了她的病情与坚强，事情开始出现变化。

从同情、赞美、质疑、骂战，再到证实、反思，"鲁若晴事件"在短短五天内展现了令人心惊的峰回路转，截至昨日，事件真相终于披露："鲁若晴"是真的，她的坚强与美好都是真的。

这个结论却并不让人松一口气，这五天内，网民与部分媒体的猜疑、求证、激愤令人反思：这样的"较真"对吗？为什么我们已经不敢再去相信美好？

曾经默默无闻的最美抗癌女孩

"鲁若晴"长得很漂亮，她在微博上发布了很多自拍照，上了妆，摆出各种俏皮的姿势。只有唯一一张光头微笑照，可以看出她是个病人。配着照片，"鲁若晴"兴奋地向朋友汇报："（头发）已经长出三厘米了！"

"鲁若晴"对待死亡的坦然令人震惊，她写道："如果超过三天没有更新，说明我已经到极乐世界了。"但她也会透露自己的痛苦与脆弱："疼！难以入睡，我没有那么坚强，也不想那样刀枪不入，只是想被温暖抱一下，假如这一切是一场梦该多好。"有些博文流露的是她对生存的渴望："想做一天的正常人，画（化）个淡妆，穿得美美的，和闺蜜（密）一起逛街……"

"鲁若晴"是个善良的女孩，5月12日，她发微博纪念汶川大地震；5月17日，她发了前男友转身离去的背影照片，说她爱他，没有丝毫怪责。

关怀汹涌而来　然后是猜疑

在5月19日前，她仅有不到200个粉丝。这一切在5月19日发生了变化。被"鲁若晴"打动的"作业本"发布微博介绍了她的情况，"作业本"280万粉丝的影响力让"鲁若晴"这个好听的名字走进了普通网民的视野。网友惊叹"鲁若晴"的美丽，怜惜她的病痛，更被她的乐观与坦然所震动。恰好次日就是谐音"我爱你"的5月20日，互联网上对"鲁若晴"的祝福与赞美当天达到了顶峰。

对于突然而至的关注，"鲁若晴"一开始是高兴的，20日凌晨，她发布微博回应汹涌而来的关怀："刚吃过吗啡，看到你们的祝福，很开心。'5·20'我爱你们。"

但对于网络的力量，"鲁若晴"还是有顾忌，首当其冲是在"鲁若晴"病重之际离开她的前男友，有网民扬言要人肉他，令"鲁若晴"十分惶恐："突然听说有人要去找我那个他的麻烦。我不想这样，大家都误会了，他为我付出了很多，真的很多，求求你们不要这样，那只会让我更心痛……"

"鲁若晴"开始感受到压力，21日，她删除了此前的所有微博，只留下一条："谢谢各位对我的关心，我能感受到大家对我的爱。但已经对我的生活造成困扰，暂时想清静一下。谢谢。"

不料，这反而成了猜忌的爆发点。有人分析，将"鲁若晴"的一些带有哲学性的话语进行百度，会发现许多言论都来自网络，开始有人质疑这是否为炒作，消费网友爱心。

为保护"鲁若晴"　青岛媒体放弃追访

令网络炸开了锅的是 5 月 22 日，这是"鲁若晴事件"上演反转剧的一天。先是一家山东省级报纸刊发题为"晒病情一夜爆红记者赴青岛寻找查无此人鲁若晴别透支我们的同情心"的报道，随后，拥有 31 万粉丝的新浪微博账号"烟花妹妹"发微博"爆料"称炒作"鲁若晴"给"作业本"团队带来了十万元收益，直指其"践踏网民的真诚与善心"。

两小时后，"新浪健康"官方微博发布了新浪平台对事件的首个证实声明，称"先后联系其朋友、两名探访过她的网友以及多名当地媒体记者，得知确有鲁若晴其人（非真名），其白血病病情也属实"。

这一证实平息了绝大多数对"鲁若晴"的质疑，但也有人觉得相关辟谣含糊其辞，难以令人信服。昨日，称"查无鲁若晴"的这家报纸再度在头版追问"鲁若晴"真假，并宣布奔赴北京探访治疗"鲁若晴"的协和医院。

上述报道激怒了一些了解"鲁若晴"情况的媒体人，昨日下午，青岛媒体人"小眼昏花"在微博上透露青岛媒体集体没有挖掘"鲁若晴"真实身份的原因："说实话，当地媒体，估计哪个都比你们知道得全。但放弃了，因为除了快之外，我们还要讲新闻伦理。"

昨晚 7 时半，"新华社中国网事"官方微博再证实"鲁若晴"存在："记者 23 日采访青岛大学医学院附属医院时了解到，青岛大学医学院附属医院的江苏路本部院区血液科在今年 1 月份确实收治过一位姓'鲁'的白血病患者，是一名二十三四岁的女性。"

"鲁若晴事件"始末

5 月 19 日名博转发突受关注

拥有 280 万粉丝的新浪知名微博账号"作业本"发微博向网友介绍身患白血病的青岛姑娘"鲁若晴"，并鼓励网友到她的微博说一句"姑娘我爱你"来给她加油打气。

5 月 20 日明星呼吁万人祝福

明星韩红、范玮琪等都在自己的微博上表示关注"鲁若晴"，并为"鲁若晴"打气。"鲁若晴"粉丝数量在两天之内从不到 200 个迅速突破 30 万。

5 月 21 日突然删博引发猜疑

"鲁若晴"删除了此前所有的微博。"鲁若晴"的神秘开始引发一些网友的质疑：这个美丽的抗癌女孩是真实存在的吗？

5月22日媒体追查扑朔迷离

一家山东省级报纸质疑"鲁若晴"存在，指其"透支我们的同情心"。同日，新浪微博账号"烟花妹妹"据此指责"鲁若晴"炒作。

"新浪健康"官方微博在两个多小时后证实了"鲁若晴"真实存在。当晚，新浪微博管理员"烟花妹妹"处以禁发微博15天、禁止被关注15天的处罚。"鲁若晴"则发布最后一条微博，宣布将"彻底消失"。

5月22日医生作证她是真的！

爆料"查无'鲁若晴'此人"的山东媒体在头版位置以"真假鲁若晴"为题再度跟进事件。但北京协和医院医生、微博名人"急诊科女超人于莺"和多名媒体人都在微博上力证："鲁若晴"确有其人，她病重也是确有其事。

观点看板

"我们是否有质疑一切的资格？"

"鲁若晴"真假之争随着青岛媒体人与新华社的证实而告一段落，但"鲁若晴事件"并没有平息，许多人开始反思：我们有权利去追逐一名只想平静度过最后时光的绝症病人吗？我们有权利强迫一个与公共利益没有牵扯的个体站出来自证清白吗？

青岛媒体人"小眼昏花"："我们还有没有信任？我们会不会表达爱心。当我们狐疑地盯着身边一切的时候。我们能不能慢一点，再细致一点？"

《齐鲁晚报》评论员石念军："很多时候，我们在关心别人的时候，其实并不懂得如何呵护他人的自尊与权利，尤其是别人的隐私权……在不涉及公共利益的情况下，'鲁若晴'作为普通人，有权利自由选择自己的生活方式。无论网民还是媒体，对真相的苛求都不应以牺牲他人的权利为代价。"

中央人民广播电台中国之声主持人何方："我们生在一个缺少诚信的时代，是否因此就有了质疑一切的资格？这叫诽谤，也叫疯狂。"

中国之声绵阳站观察员和评论员吴林非："习惯性地过度怀疑鲁若晴被疑炒作是可怕的，谣言捏造者既不利己又伤害别人。人性的真和善是自然的流露，任何畸形的打架或是怀疑都是对人性道德底线的挑战，到时社会温暖不再，每个人将关上心房，变得冷漠。"

【案例2】

2012年3月28号，一位微博用户在微博中声称，有个孩子突然丢失，几天后被送回家后，孩子的眼角膜被摘取了。此条微博在发布后，仅仅两个小时的时间，转发量超过四千条，震惊、恐惧和不安的情绪在网上蔓延。然而，事隔不久，新浪微博辟谣小组组长谭超告诉记者，这完全是一条彻头彻尾的谣言。

"这个用户是始终没有办法提供一个非常准确的信息源，然后，在我们反复沟通几次以后，他终于承认他这个消息是道听途说的。"

深入采访

互联网作为当下最为重要的信息交流平台已经深深地深入到了我们日常生活当中。对社会有着深刻的影响，网络世界与现实社会之间已经相互交融。在看到互联网对于社会带来的进步的同时，一方面也不要忽视它的负面影响。网上不良、不实信息的存在，严重影响社会健康发展，特别是最近网络谣言的传播成为一大社会公害，严重侵犯公民权益，损害公共利益，也危害国家安全和社会稳定。加强网络监管，共同抵制网络谣言，营造健康文明的网络环境已经成为社会各界共同关注的问题。

据中国之声《新闻和报纸摘要》报道，国家互联网信息办、工信部有关部门负责人4月12日表示绝不容忍利用互联网造谣传谣、损害公共利益，侵害公民合法权益，破坏社会和谐稳定。

各类网络谣言层出不穷，甚至有所谓"军车进京、北京出事"等谣言散播，国家互联网信息办网络新闻协调局局长刘正荣强调，利用互联网造谣传谣是违法行为，公安机关已经对在网上编造谣言的李某、唐某等6人依法予以拘留，对在网上传播相关谣言的其他人员进行了教育训诫。

刘正荣： "3月中旬以来，据不完全统计，互联网信息管理部门会同通信、公安等部门清理的各类网络谣言信息已达21万多条，依法关闭的网站已达42家。"

2012年4月8日，中国互联网协会向全国互联网业界发出抵制互联网谣言倡议书。主要门户网站纷纷表态支持。

"我们召开了由微博、技术和编辑等部门参加的这种专项治理的这种会议，查找了管理的漏洞；我们要通过我们的技术系统，在源头上对虚假不良信息进行过滤

和处理……"

事实上，近年来，我国发展健康向上网络文化的努力从未停止。

2009年1月5日，互联网违法和不良信息举报中心网站曝光了一批违反社会公德、存在损害青少年身心健康的低俗内容的互联网站。与此同时，由国务院新闻办、工业和信息化部、公安部、广电总局等七部门共同部署的全国整治互联网低俗之风专项行动也正式启动。

但是，交互的技术特性和便捷的传播方式决定了互联网信息传播监管的难度。

网络是影响大众的一个手段，像一个公共领域一样，如果它充斥了一些违法的或者不良信息的话，对整个社会产生消极的影响。网络净化是符合大多数人内心深处对真、对善、对向上的价值观的追求的。树立正向的价值观，同时要对什么是负面的、消极的价值观有一个清晰的界定。

由此看来针对网络谣言需要管治结合，一方面有关部门和网络运营商要加大管理力度；一方面网民也要擦亮眼睛不要主动信谣传谣，从根本上遏制网络谣言的恶性传播。据不完全统计，互联网信息管理部门会同通信、公安等部门清理的各类网络谣言信息已达21万多条，依法关闭的网站已达42家，同时很多商业网站负责人表示，坚决抵制和打击网络谣言，并将与有关政府部门联合采取措施抵制网络谣言在互联网上的扩散。百度有关负责人表示，打击互联网不良信息是项持久战，技术筛查、管理机制创新、网民安全意识教育和全社会联动四者缺一不可。全体网民、互联网企业和主管部门多方共管共治，就能长久促进互联网生态的积极健康发展。广大网友积极支持互联网企业抵制网络谣言的行动，自觉做到不造谣、不传谣、不信谣，不助长谣言的流传、蔓延，做网络健康环境的维护者，发现网络谣言积极举报。

作为20世纪人类最伟大的发明之一，互联网在带给这个世界魔幻般的变化的同时，也能成为扰乱人们正常生活的潘多拉盒子。国家互联网信息办公室网络新闻协调局协调处刘红岩处长说，只有培育文明理性的网络环境，互联网才会成为人类社会的真正福音。

实践证明，健康有序的环境可以促进互联网的健康发展，互联网企业要履行法定责任和社会责任，广大网民要自觉抵制网上不良信息，积极举报网上低俗和淫秽色情信息。全社会共同努力，我们的网络环境会越来越好。

我国互联网用户已经突破5亿，位居全球第一，这个数字还在继续增长。这不仅是中国互联网事业值得骄傲的里程碑，也是纯净健康网络文化的压力和动力！

从打击手机网站淫秽色情信息到倡导绿色上网，从整治网络低俗之风到加强重点新闻网站建设，我国政府、公众、业界三方正在合力推动网络文化建设和管理，构建我们共同的、健康的网络精神家园。

观点链接

新华网：党的十七大以来，党和政府积极探索依法管理、科学管理、有效管理网络文化的途径和方法，法律规范、行政监督、公众自律、社会教育、技术保障相结合的中国特色网络文化管理体系初步形成。2011 年 5 月，国务院批准设立国家互联网信息办公室，进一步健全完善了网络文化建设和管理体系，为中国特色网络文化实现又好又快发展提供了坚强的保障和基础。

《人民日报》："对待网络谣言，全社会应该同仇敌忾，达成零容忍的共识。"莫纪宏表示，谣言是社会公害，与每个人有关。一方面，要加大法制宣传教育力度，提高公民素质，在全社会范围内形成"造谣可耻、信谣可悲"的共识，每一个公民都要做到不造谣、不信谣、不传谣，都要敢于辟谣，和造谣者针锋相对，不让造谣者兴风作浪、蛊惑人心。

《北京日报》：在网络与现实已完全交织的今天，个人在网络中的任何行为，都可能延伸和影响到现实中来。理性使用互联网，自觉规范自己的言行，遵守法律和社会普遍道德规范，负责任地表达意见，不做任何损害社会、侵害他人之事，才是网民应有的作为。重塑互联网观，实行网络实名是基础的一步。实名制建立在实体法规的基础上，弥补了互联网匿名性所带来的缺陷，让人们以真实身份注册信息来参与网络，目的是唤起责任意识，自觉规范网络行为。

权威发布

工信部通信保障局副局长赵志国指出，各类互联网企业都不得为网络谣言传播提供平台。同时将进一步查处不落实法定责任、致使谣言传播、造成恶劣影响的违法违规网站。

赵志国："第一，依法加强对互联网企业的管理，指导、督促互联网企业切实完善内部的一些管理制度，包括一些管理流程，第二还是依法加强对违法网站的处置，对违法违规的互联网企业将依法、依规予以查处。"

　　清华大学公共管理学院院长助理丁兆林说，加强网络舆论引导是民心所向，大势所趋。

　　丁兆林：网络是影响大众的一个手段，像一个公共领域一样，如果充斥着一些不良信息，会对社会产生消极的影响。网络净化是符合大多数人内心深处对真、对善、对向上的价值观的追求的。树立向上的价值观，要对什么是负面的、消极的价值观有一个清晰的界定。

第十一章

城乡一体　同享阳光

【案例1】

广播电视村村通　打开百姓生活幸福门

　　5年时间，投入5400多万元，11.5万农户、30多万老百姓看上电视，听上广播，广播电视村村通，打开了大理白族自治州百姓生活的幸福门。

　　5月的夜晚，家住洱源县炼铁乡牛桂丹村的年耀红一家围坐在电视机前犯了难，儿子和他要看足球比赛，老母亲要听戏曲，而他老婆却要看综艺频道，最后经过大家协商，只能一人看一会了。年耀红感叹着："真是无法想象啊，如果没有广播电视，生活会变得多枯燥。"昔日难得品尝的精神盛宴，今天成为日常佐餐。近年来，随着我州"十一五"广播电视村村通工程的建设，农民"听广播看电视难"的情形都成了"老皇历"，广播电视村村通，打开了一道道百姓生活的幸福门。

　　"十一五"期间，大理白族自治州广播电视村村通工程在各级党委、政府的正确领导下，通过各部门的紧密配合，采取"四个有力、四个到位"的措施，高标准、高质量地提前完成国家和省下达的建设任务，有效解决了4868个20户以上已通电自然村30多万农村山区群众看电视听广播难的问题，"十一五"末，大理白族自治州广播电视综合覆盖率分别达到96%和98.75%，为实现广播电视全覆盖打下了坚实的基础。

　　领导有力，组织到位。各级党委、政府高度重视广播电视村村通工作，把村村通工程作为新农村文化建设的"1号工程""民心工程",纳入政府工作报告进行安排部署,纳入边疆解"五难"惠民工程一并规划实施,纳入各级政府20项重点工作进行跟踪问效。为保障村村通工程的顺利开展,州政府调整充实了州广播电视村村通工作领导小组,形成政府统一领导,部门密切配合,广电组织实施,基层组织给予强有力支持的工作格局。州县(市)层层签订广播电视村村通工程建设目标责任书,确保工程建设组织到位、责任落实。

宣传有力,普及到位。充分运用广播电视、政府网站、报刊杂志、手机短信等现代媒体及张贴公告、向村民发放宣传单等形式,多渠道广泛宣传广播电视村村通工程的目的意义、惠民政策等,真正让老百姓理解支持,积极参与,营造了工程顺利推进的良好氛围。为确保工程顺利实施,各县(市)在省、州技术培训的基础上,层层组织了设备安装和用户信息采集技术培训,确保每一个建设村有1至2名技术骨干。州县(市)广电局还通过广播、电视和报纸等形式对我州实行的"免费配送、免费安装、免费颁发使用许可证和免费为特困群众发放电视机""四免"政策进行宣传,接受人民群众和社会各界的监督,确保工程建设公开透明、公平公正、规范操作,集中采购了8952台电视机免费发放给特困户,真正把广播电视村村通工程打造为政府得民心、群众得实惠的工程。

措施有力,工作到位。州政府下发了《大理白族自治州新时期广播电视村村通工程实施意见》《广播电视村村通直播卫星覆盖工程建设实施意见》,由政府推动,全面实施新一轮广播电视村村通工程。州广电局制定并下发了《大理白族自治州新时期广播电视村村通工程建设方案》,优先解决"盲村"中的"盲户"问题。为积极探索第二批直播卫星增加安全模式和加密措施后覆盖建设的经验和做法,我州在云龙和宾川两县进行试点,共安装调试直播卫星接收设备633套。并由州广电局牵头,州发改委、州财政局、州文教卫纪工委等部门成立了4个督导组,及时协调、指导、督促检查,为村村通工作提供了坚强的组织保障。

管理有力,服务到位。保障广播电视村村通工程的长期通、优质通是政府工程取信于民的关键,按照建管并重的原则,采取委托、合作等不同方式,在全州建立了以县为中心、乡(镇)为网点的售后维修服务保障体系。为更好地方便和服务群众,各县乡服务网点都将服务流程、服务电话、监督电话等向广大群众进行公示,为村村通长期通、优质通奠定了坚实基础。同时,实行村村通资金专户管理,接受财政部门的监督;设备发放严格执行公示制度,确保工程"阳光""透明"地运行。由于成绩突出,州广电局被表彰为全国"十一五"广播电视村村通工程先进集体。

根据国家广电总局和省广电局下达的大理白族自治州"十二五"广播电视村村通工程的任务，"十二五"期间，我州将完成广播电视村村通 3973 个村和 7 座高山无线发射台站基础设施建设，早日让边远农村群众享受到同城里人一样的广播电视新生活。

【案例 2】

村民有难处，喜欢找书屋——伊通县伊通镇农家书屋见闻

"去年我们组里的刘晓东和他的继母因为 3 分土地的继承权一事发生了纠纷，都要闹到法庭上去了。我们知道后，就认真给他们家进行调解，向他们宣讲婚姻法、继承法等相关法律。在我们的调解下，他们母子俩终于重归于好，依据《继承法》的有关规定，刘晓东和他继母各得 1.5 分土地。这只是我们小组在依法调解民事纠纷中的一件小事。我们在调解村民纠纷时有理、有据、依法，这全得益于我们村里的农家书屋。我们这些村组干部，只要有时间就到农家书屋里来看书，看得最多的还是法律方面和农村经济管理方面的书籍。可以说，我们现在遇到不懂的政策、法律和技术时，就会跑到书屋里来翻翻书，一看就明白了，在农家书屋里就能找到解决各种问题的办法。"这是吉林省伊通满族自治县伊通镇永青村 6 组组长邢忠利对记者说的一番话。

在其他地方的"有困难，找警察"，到伊通镇变成了"村民有难处，喜欢找书屋"。

永青村是典型的城中村，全村 2110 口人，661 户，每周来村里书屋看书的大约有四五十人左右。今年 59 岁的马书印在市场做干果生意，每年收入大约在 10 万元以上。他告诉记者，现在生活好了，读书是一种高雅的生活和享受，每天他来书屋读书的时间是市场关闭后的 17 点到 18 点，每次读书的时间大约是一个小时，最多是 3 天来一次。他读的书大都是市场信息和养生保健类。通过读书他了解了每年干果市场的行情，无论是存货还是出货都做到了心中有数。平时他和家人有个头痛脑热的也会处理一下。他说："读书真是有百利而无一害啊。"

有着 40 年党龄的薛玉英大姐养鸡的历史就达 30 年。她告诉记者，自从村里有了农家书屋，她每周都来村上一次，从书屋里借几本书给家里人看，现在蛋鸡防疫、鸡雏孵化等技术基本不用求人了。记者看到她这次又从书屋里借了《蛋鸡饲养增值

20%关键技术》《鸡病防治关键技术》和《种鸡孵化》3本书。薛大姐说："可别小看这几本书，它对我们养殖户的作用可大了。"

书屋管理员苏兰香告诉记者："每天来书屋看书的主要是党员干部、青年农民、运输、养殖、种植户和学生。党员干部主要是看法律和技术方面的书，青年农民主要是看致富信息和计划生育方面的书，运输、养殖、种植户主要看技术和市场营销方面的书，学生看的书涉及的知识面比较广。我们村书屋白天晚上都有人值班，读者随来随看随借。"

据伊通镇副镇长聂红艳介绍，目前，全镇16个行政村农家书屋已经全覆盖。农家书屋的建设对推动农村精神文明建设起到了重要作用。现在，农民到农家书屋看书，人家说你有正事，愿意跟你在一起商量事。通过读书，村风正了，民风正了，打麻将的少了，发家致富的多了。过去农民借书看书要到县城里才能实现，自从农家书屋工程实施后，农民就近就地就能看书借书。全镇农村已经连续5年没有发生过重大刑事和治安案件，这里面有一大半的功劳归于农家书屋。

【案例3】

行唐县"文化惠民" 打造群众文化品牌便民乐民

6月29日晚上8点，行唐县南桥镇东市庄村文化剧场文艺演出开始了，同一个晚上，30公里外的口头镇鲁家庄剧场也在火热上演文艺节目。这方"草根"谱写的《欢歌喜唱新农合》才唱罢，那方群众编排的三句半《党的政策好》又登场，引来台下观众阵阵掌声。

自石家庄开展"惠从何来、惠在何处"形势宣传教育活动以来，行唐县活化"双惠"活动形式，寓"讲"于乐，紧紧抓住农村文化舞台这一传达党的方针政策和文明的有力阵地，通过组织开展"欢乐城乡""农民艺术节""群众消夏晚会"等活动，让乡土演员们采用旧曲新编、快板书、秧歌等方式将党的惠民政策及成果编排成内容多样、健康向上的乡土节目搬上舞台，在为群众解疑释惑的同时，也把群众的幸福生活日常化、形象化。

该县着力推动群众文化活动常态化，"春节群众文化活动"民间技艺展演赛一年盛过一年，成为全县节日群众文化的一个知名品牌；"消夏群众文化活动"让文化广场好戏连台；农村电影放映工程实现一月一村一场。丰富多彩的文化活动，满足了人民群众的精神文化生活需求。

除了寓教于乐形式的便民乐民，该县更注重在"双惠"活动中发挥专业技术人员和收益典型的带动作用，让群众看得真，学的实。该县组织林业、农业、畜牧60余名农口专家也深入田间地头为农民现场解疑释惑，利用村文化剧场、农村书屋等场地对当地农民进行种植、养殖培训。截至目前，该县开展宣讲活动380多场次。举办各类专业技术培训班20余场，培训3000余人次，发放各类技术资料和惠民政策明白册10万余份。

目前全县35个重点帮扶村全部完成了农村书屋建设和投影设备配备，新建文化剧场4个，帮扶单位采购或捐赠图书3.85万册，音像制品3500张。目前，全县330个行政村有近三分之二组建了村民自乐队伍，人数近4000人，群众自己创排的成熟文艺节目多达400多个，全县常年参加文化活动的群众达到1万多人。如今在行唐县，村村都有文艺队，乡乡都有文化站，县、乡、村三级公共文化服务网络基本形成。

深入采访

中国文化发展的差距在农村，难点在农村。长期从事文化管理工作的全国人大代表郑晓幸说，统筹城乡文化发展，把满足农民的文化需求作为大事来抓，是政府对文化民生的一份庄严承诺。

文化体制改革明确了公益性文化事业的责任，政府近十年的文化基础设施投入，是过去几十年的总和。目前，覆盖城乡的公共文化服务体系已经建成，公共文化的阳光正在遍洒中华大地。

广播电视村村通、乡镇和社区综合文化站、文化信息资源共享工程、农村电影放映工程、农家书屋建设五大文化惠民重点工程成为惠及广大基层群众的"阳光工程""民心工程"。

截至2011年12月23日，全国农村已成立数字院线279条，拥有数字电影播放服务器50709套；数字中心订购平台可供选择影片总数达1944部；每周订购影片超过50000场，基本实现"一村一月一场电影"的目标。

在辽宁省辽阳县刘二堡镇，活跃着一支"小宝放映队"。只要不刮风下雨，队长段鸿宝都要带着他的放映队走村入屯，为父老乡亲放电影，仅2011年，他们就为乡亲们放映电影 200 多场。段鸿宝只是我国庞大的农村电影放映队伍中的一员。党的十六大以来，国家广电总局按照"市场运作、企业经营、政府购买、群众受惠"的农村电影发展思路，会同国家发改委和财政部，积极推进农村电影公共服务体系建设。

听广播、看电视难曾长期困扰着农村群众。据 1998 年国家广电总局启动广播电视村村通工程时的统计，当时全国共有已经通电的 11.7 万个行政村和 56.3 万个自然村属于广播电视无线覆盖盲点，约有 1.48 亿人口听不到广播、看不到电视。经过多年努力，截至 2010 年，已先后解决了全国已通电行政村、50 户以上已通电自然村和 20 户以上已通电自然村的"盲村"群众听广播、看电视难问题。为提高西藏、新疆等边疆少数民族地区广播电视覆盖率而实施的"西新工程"，在此期间也取得长足进展。

2011 年 4 月，广电总局在有线电视未通达的农村开始推动直播卫星公共服务试点工作，用户可以免费收听收看到 40 多套高质量的广播电视节目，受到了广大农民群众的欢迎。"十二五"时期，我国将全面实现 20 户以下已通电自然村"村村通广播电视"，并力争基本实现"户户通"。

全国文化信息资源共享工程自 2002 年实施以来，中央财政和各级地方财政已投入专项建设资金 57.84 亿元，截至 2010 年年底，已建成国家中心和 33 个省级分中心，覆盖率达 100%。同时，还建成了 2867 个县级支中心，覆盖率达 95%；22963 个乡镇基层服务点，覆盖率达 67%；59.7 万个村基层服务点，覆盖率达 98%；累计为 9.6 亿人次提供了服务。目前，文化共享工程数字资源建设总量已达到 108TB，共整合制作优秀特色专题资源库 207 个，并走进农村、社区、军营、学校和企业，受到各地基层群众的广泛欢迎。

文化共享工程去年在浙江、广东、辽宁、山东、北京、天津、上海、陕西、安徽 9 省市启动了公共电子阅览室试点工作，目前，9 个省市已建设公共电子阅览室3055 个。山东、广东将县级以上文化共享工程分支中心全部列为试点；天津、辽宁、上海、安徽将试点与国家公共文化服务体系示范区创建结合，以地市为单位重点推进；陕西省文化厅与试点地区分别签订《试点建设责任书》，对建设标准、管理规范、宣传标识等提出明确要求。公共电子阅览室建设试点工作今年已在全国各地展开。

同时，文化共享工程利用春节、元宵节、清明节、世界读书日、五一劳动节、五四青年节、六一儿童节、暑假、七一建党日和八一建军节等重大节假日，以及援疆、援藏和支援灾区等国家重大文化惠民行动，通过文化共享工程各级分支中心和网络服务平台，积极开展数字文化资源推送服务。管理中心以互联网、政务外网、光盘等形式，向全国共享工程县以上支中心和广大网民推送数字文化资源2915部集、1699小时。参加现场数字资源推送活动的公众近7000人次。

在"春雨工程"全国文化志愿者边疆行活动中，文化共享工程管理中心联合省级分中心和志愿者单位，面向黑龙江、云南、西藏、新疆及新疆生产建设兵团开展文化共享志愿者边疆行活动，以大讲堂、大展台形式，重点开展人员培训、宣传展览、资源提供、基层服务等。同时，协调深圳雅图视频技术有限公司向西藏、青海、新疆捐赠价值112万元的100台投影机，进一步提高了边疆地区基层服务点的服务能力。

多年来，文化共享工程积极关注农民工、关注西部建设和部队文化建设。今年，文化共享工程相继与有关机构共同建立了武警政工网"文化共享工程"专栏。中秋节期间，由全国文化信息资源建设管理中心联合文化信息资源共享工程各省级分中心，共同开展了"同乡同龄同梦想，共学共享共月圆"共享工程服务新生代农民工活动，使文化共享工程丰富、优质的文化信息资源成为各地农民工朋友在节日期间的良师益友，也为他们架起了与家乡亲友问候、沟通的"数字桥梁"。

为深入贯彻落实党中央、国务院《关于推进社会主义新农村建设的若干意见》和《关于进一步加强农村文化建设的意见》，切实解决广大农民群众"买书难、借书难、看书难"的问题，2007年3月，新闻出版总署会同中央文明办、国家发展改革委、科技部、民政部、财政部、农业部、国家人口计生委联合发出了《关于印发〈农家书屋工程实施意见〉的通知》，开始在全国范围内实施"农家书屋"工程。

几年来，农家书屋经历了从无到有，从最初试点到全面覆盖的发展历程。截至2011年底，全国建成农家书屋50.5万家，覆盖全国84%的行政村，惠及数亿人。在党的十八大召开之前，全国将建成农家书屋60余万家，覆盖全国所有行政村。

中央和地方政府投入巨额建设资金

农家书屋工程实施以来，得到了中央的高度重视和地方的大力支持。截至2011年底，中央财政已经投入资金50多亿元，地方各级财政累计投入专项资金50多亿元。

中央领导同志多次视察农家书屋，提出了加大力度、加快进度的要求，要求在2012年实现全国行政村全覆盖。各地各级政府在推进农家书屋工程建设中发挥了主导作用。辽宁省主要领导亲自抓，提前实现了村村都有农家书屋的目标。吉林省在农家书屋建设上因地制宜，寻求多样化的建设模式。福建省精心筹划，严格把好选题出版、选定目录、配书送货等关键环节。宁夏回族自治区在农家书屋的建设中，不但全面实现了全区村村有农家书屋的目标，还将一些林场、农场也纳入到建设规划中……

农家书屋成为"课堂、学堂和殿堂"

农家书屋一般利用村委会、村党组织活动场所、村文化活动中心等公共设施，直接扎根农村，贴近农民群众，是农村公共文化服务的重要载体，也是现阶段农村文化建设最实用、最基础的工程，更是加强农民教育，提升农民素质，培育新型农民的最有效手段之一。每个农家书屋按照政经、科技、生活、文化、少儿、其他等六大类配备图书不少于 1500 册，品种不少于 1200 种；报刊不少于 20 种；音像制品和电子出版物不少于 100 种（张）。有了农家书屋，农民群众提高了读书的热情，孩子们尽享着阅读的快乐，越来越多的农民朋友用知识改变着生活，农家书屋被形象地誉为"农村文化的殿堂、农民致富的学堂、农村学生的第二课堂"。

农民既富"脑袋"又富"口袋"

自 2005 年首个农家书屋在甘肃试点以来，各地农家书屋工程建设取得了明显成效，在推动社会主义新农村建设方面发挥了积极的作用。河北省定州市的 453 个农家书屋通过开展一系列活动，使 12 万农民接受了科技培训，3000 多农民拿到了各类专业技术证书，还培养出 5000 多名"土专家"，并成为农民增收致富的主力军。江苏沛县农家书屋里走出 400 多"土律师"，山东东营农家书屋"滋养"出百余"乡土作家"。各地农家书屋火热的征文阅读讲演活动、"歌唱祖国赛诗会"，同样极大地丰富了农民的文化生活，农家书屋成了农民群众开展各种活动的大舞台。

记者：署长提到在我国要建设 64 万家农家书屋，将来村村都要有农家书屋。请问署长，这项工作目前成效怎么样？

柳斌杰：农家书屋是中央实施的五大惠民工程之一，党的十八大前要完成所有行政村的农家书屋建设。截至目前，农家书屋实施过程中，中央财政已经投入 180 亿元，将 150 亿册图书送到了农村，工程已经覆盖了 85% 的地区，最近几个月就能全面完成。总署作为负责推动这项工作的部门，同全国各省、区、市都建立了密切联系。比如，我们直接抓了北京市益民书屋的建设工作，成效很好。此外，甘肃、云南等西部地区的农家书屋建设，总署也直接参与，指导、帮助他们加强农家书屋建设，探索农家书屋可持续发展的长效机制。对于农家书屋的后续发展，中央财政已经出台政策，每年将会给农家书屋提供更新资金。有些地方也出台了农家书屋管理员政策，为长期发展提供了保障。

记者：柳署长，您是否亲自去过农家书屋，能不能谈谈您本人的切身感受？

柳斌杰：我去的农家书屋比较多，我的一个亲身感受，就是农家书屋唤起了农民精神上的追求，通过读书，他们知道了外面的世界，知道了怎么样去提高自己的生产技能。

有一个贫困地区农家书屋管理员，他的孩子读书很好，都是博士，他就和村里人说，读书能够改变你的命运。有一些地方反映，通过阅读农家书屋里的实用技术、健康保健类图书，帮助他们解决了生产、生活中遇到的问题，农民非常欢迎这类图书。还有一些农家书屋给儿童们提供了字典、课外读物，丰富了农村留守儿童的文化生活。我们感受到，文化要面向基层，建立公共服务体系，特别是为农村、社区服务。国家花这么大力气做这件事情是非常值得的，西方发达国家早在100多年前就有读书法案，规定每个家庭的藏书量，政府每年发放购书补贴。所以，农家书屋工程在进行核心价值观教育，提高公民素质，提高就业技能，改变农村面貌方面，都发挥了重大作用。

党的十六大以来，在深化文化体制改革、促进文化产业发展的同时，公益性文化事业的发展也得到各地区、各部门的高度重视。国家拨付专项资金实施了广播电视村村通工程、农村电影放映工程、西新工程等一系列重大文化惠民项目，广大群众"看电影难""收听收看广播电视难"的状况得到明显改观。

观点链接

《光明日报》：广播电视村村通工程是为了解决广播电视信号覆盖"盲区"的农民群众收听广播、收看电视问题，由国家组织实施的一项民心工程，是新中国成立以来，全国广电系统实施的投入最多、时间最长、覆盖面最广、受益人数最多的一项系统工程。从1998年开始实施，第一阶段从1998年到2003年，完成了11.7万个已通电行政村村村通工程建设。第二阶段从2004年开始，完成了10万个50户以上已通电自然村村村通工程建设。第三阶段是"十一五"期间，全面实现20户以上已通电自然村村村通广播电视。"十二五"期间，将以直播卫星应用为主，实施20户以下已通电自然村广播电视村村通工程，全面实现20户以下已通电自然村村村通广播电视,力争基本实现"户户通"。

《农民日报》：在用好农家书屋的同时，临清市还在管好书屋方面下工夫，除每个书屋确定一名管理员，并进行系统培训外，还参照图书馆免费开放管理模式，建立健全了借阅制度、图书管理制度、管理员守则等日常管理制度，确保农家书屋能建得起、用得上、管得好，在丰富农民的生活、提高农民生产技术方面发挥最大效用，为农村发展提供有力的文化支撑和科技保障。

《北京青年报》：据新闻出版总署昨天透露，截至目前，全国已建成农家书屋50.5万家。在2012年底，全国"村村有书屋"的目标将基本实现。同时，我国将"积极发挥农家书屋作用，保障农民基本文化权益，有效解决农民群众最迫切、最现实的读书难、看报难的问题"。

权威发布

柳斌杰，国家新闻出版总署署长

柳斌杰："短短的三四年时间，中央和地方财政投入180亿元，150亿册书送到了农村，工程已经覆盖了85%的地区，最近几个月就能完成所有行政村都有农家书屋建设。"

郑晓幸，全国人大代表

郑晓幸：我们整个社会公共文化资源从重视城市向面向农村、面向基层转变，我们的公共文化产品、文化服务过去是为城里人、为少数人服务，现在开始惠及百姓面向大众，文化民生已经渗透到我们公共文化服务的全过程之中。

第十二章

遗产保护　把根留住

【案例1】

名人故居与文化遗产保护的思考

　　名人故居作为城市文化遗产的一种类型，具有唯一性；但是，当它们作为建筑遗产蕴涵在历史城区的时空脉络之中时，就具有了多重性。如果讲我们保护名人故居的出发点在于尊崇它们的历史价值，那么一旦将它们视作建筑遗产或文物时就会全面得多。除了着眼于它们的历史价值外，也会强调建筑本身的艺术价值和科学价值。

　　例如，东平路7号是一幢砖木结构假三层花园住宅，现在大家都知道它是孔祥熙旧居，但鲜有人了解它的第一位产权人是英籍丹麦人赫劳森，直到1935年赫劳森告老还乡时才将其出售给孔祥熙。又如，东平路9号原蒋介石旧居是一幢法式花园住宅。人称是宋子文买下用作宋美龄的陪嫁，但无人知晓宋子文是从谁手中买下这幢楼？这幢楼建于何时？最初主人是谁？后来的主人又做了哪些更动？这些刨根究底的问题，对历史建筑的保护者来说非常重要，因为它关乎文化遗产建档工作的完整性和可靠性。

　　对于名人故宅的保护，中国各地过去主要依据《文物保护法》的原则，将名人故居作为不可移动的文物，这是应该的，但又是不够的。因为名人故居不仅有不可移动之物——故居，还有居住其中的名人之所以"出名"的口承记忆：名人自身活动所造成影响社会的事件以及个人产生新闻效应的生活逸闻。名人故宅作为文化遗产，更多的是因名人而出名：其承载着更多的民众的口承记忆。而这些口承记忆是建构地域文化不可缺失的一部分。这些也是重要的文化遗产——人类口头传承的非物质文化遗产。

名人故宅文化遗产的保护，应该同时遵循文物法和非物质文化遗产法的要求和原则进行。在具体操作上，更要注意立体性、科学性。

上海作为中国近代首位城市，数以万千计名人在此生活、工作、战斗，留下的各具风采的名人故居，是城市历史的结晶，也是上海城市的文脉。

如何保护城市文化遗产？第一，各级政府必须高度重视，积极主动推进城市文化遗产的保护。第二，这一工作不仅要有建筑师的参与，也要有文化史家顾问。第三，民间力量不可忽视，要调动民间企业和私人的积极性，参与保护。第四，在老城区进行大规模建设要慎之又慎。第五，城市文化遗产保护的外延应不断拓展。城市的过去与未来不可分割，文化遗产正是城市连接两者的媒介。有些城市正在获得未来的同时而丢失了过去，我们绝不能再允许城市在改造、扩张中失去"历史的记忆"。

竭尽全力保护老房子，尤其是名人故居，让后人铭记历史，因而也彰显出城市文化，这是保护人类历史遗产、努力维持"文化多样性"的一个方面。联合国教科文组织发起的《世界文化多样性宣言》，是国际社会具有广泛共识的宣言。在今天的文明世界，保护"文化多样性"和保护"生物多样性"具有同等重要的意义。具体到上海这样的城市，保护一座年代最久的建筑，具有和保护大熊猫等濒危动物同等重要的意义。中国人的现代文明是在上海等大城市首先形成的。最近几年来，上海文化界开始重视"海派文化"遗产，开始注意保护历史建筑、名人故居。老街道、老建筑、老房子本身，就是活生生的城市文化。"老房子"也有它们的"生与死"，也有自己的"灵与魂"。2011年，武康路被评为中国历史文化名街，我们一定要好好地保护自己的城市，留住自己的文化遗产，"把根留住"。

【案例2】

把根留住——淮安市非物质文化遗产保护工作综述

淮安悠久的经济社会发展历史、深厚的人文底蕴、优越的地理位置和得天独厚的自然条件，孕育出了丰富的非物质文化遗产资源。地处南北过渡地带，加上商贾云集，人文荟萃，传统饮食文化的融汇形成了独具特色淮扬菜烹饪技艺，催生了中国四大菜系之一的淮扬菜系；经济繁盛，吸引众多医家在淮悬壶济世，并世代延续，形成了以温病学宗师吴鞠通为代表的山阳医派；优越的自然条件，推动了农业经济发展，尤其是水稻种植业发达；在孕育了"金湖秧歌"等民间音乐的同时，由于水患频繁，催生了"巫支祁传说""水漫泗州城传说"等民间文学作品；广袤的洪泽湖孕育了悠久的水文化和渔文化，形成了独具特色的洪泽湖渔家婚嫁习俗、丧葬习俗等，渔业的发达，带动了渔具制作和捕鱼方法的推广，也推动了传统木船制造技艺的进步。

充分发掘和保护我市丰厚的非物质文化遗产，继承和发展传统文化精髓，延续淮安文化生态基因和城市文脉，并融入现代生活，全国历史文化名城这张城市名片才能名副其实。近年来，我市贯彻落实《国务院关于加强文化遗产保护的通知》和《国务院办公厅关于加强我国非物质文化遗产保护工作的意见》精神，以普查工作为基础，以落实经费为保障，以传承发展为目标，以宣传展示为抓手，全面开展非物质文化遗产保护工作并取得了显著成果。

我市将非遗保护工作作为发展先进文化、彰显特色文化、建设文化强市的一项重要工作来抓，将国家、省、市等各级非遗名录项目及代表性传承人的保护工作纳入"十二五"文化发展规划。市财政每年支出用于非遗保护工作的专项经费逐年递增，同时，举办了三届淮安市民间艺术节和六届"文化遗产日"系列展演展示活动，多途径、多渠道、多方法，汇集非遗项目和民俗节目展演、民间手工艺展示、非遗保护工作摄影展览、保护成果图片展、非遗保护法律法规知识咨询等。建设了淮海戏、淮剧等专题网站。推出《人文淮安——淮安非物质文化遗产通览》丛书、《人文淮安－民间文学集萃》《淮扬美食文化传奇》等一批出版物。建设了淮安戏曲博物馆、淮安名人馆、长荣大剧院等一批展示场馆。非遗保护工作的宣传展示阵地建设得到进一步扩大和加强。

为了摸清"家底"，我市在开展非物质文化遗产普查工作的三年中，先后通过媒体公告、田间调查、走访座谈等形式，排查非物质文化遗产的线索。通过普查，初步掌握了全市非物质文化遗产的类别、形态、蕴藏情况、流布地域，传承脉络和衍变情况，为保存非物质文化遗产，健全四级名录和传承体系奠定了坚实基础。

自 2007 年 3 月，我市淮海戏、十番锣鼓、金湖秧歌、工鼓锣（淮海锣鼓）、韩信的传说 5 个项目入选首批江苏省非物质文化遗产名录以来，我市还有淮海戏、楚州十番锣鼓、京剧和淮剧 4 个项目入选国家级非遗名录，南闸民歌等 22 个项目入选省级非遗名录，并公布了四批市级非遗名录共计 153 项。目前，全市拥有非物质文化遗产名录国家级 4 项，省级 27 项，市级 133 项，县（区）级名录 300 余项，四级非物质文化遗产名录体系日益完善。

接力薪火传承，推动传承发展。让那些尘封或即将消失的珍贵文化遗产，重新焕发出光彩，我市独特的文化根脉也得以进一步传承和弘扬。2008 年 11 月，我市淮海戏传承人杨秀英、魏佳宁，楚州十番锣鼓传承人周宝洪和金湖秧歌传承人张忠祥、张玉珍等 5 人入选第二批省级非遗代表性传承人。2009 年 6 月，杨秀英入选第三批国家级非物质文化遗产代表性传承人名单。2010 年，著名京剧表演艺术家宋长荣等 6 人入选第三批省级非遗代表性传承人。我市还先后建设了楚州十番锣鼓和淮海戏两个项目的市级传承基地，公布了一、二批市级非遗代表性传承人 142 名，省长荣京剧院还开展了"小长荣培养工程""青春版荀派剧目生产推介工程"，加快培养荀派艺术传人。宋长荣弟子朱俊好凭借在纪念荀慧生诞辰 110 周年系列演出活动《红娘》《卓文君》两剧中的出色表现，被誉为"一个俊俏的小男旦"。省长荣京剧院还为宋长荣弟子朱俊好量身打造了新编古装戏《缇萦救父》，主要角色均由中青年演员担纲演出，目前该剧已申报参演第六届江苏省戏剧节，并准备冲刺第二届全国戏剧文华奖。国家级非遗代表性传承人、淮海戏表演艺术家杨秀英的弟子吴玲、许亚玲二人凭借在《皮秀英》和《秋月》中的出色表演，分别荣获第 21 届上海白玉兰奖和第 25 届中国戏剧梅花奖。2011 年 6 月份，全省首个省级文化生态保护实验区——洪泽湖渔文化生态保护实验区并挂牌，进一步推动了我市非物质文化遗产传承体系的建设。

深入采访

像大本曲、丽江铜器这样的民间工艺、曲艺，都是一份沉甸甸的历史文化遗产。它们是民族传承的根，文化发展的源，如何留住我们的每一寸历史记忆？如何让中华文明薪火相传血脉相连？

2002 年，党的十六大提出："扶持对重要文化遗产和优秀民间艺术的保护工作"，进一步推动了我国非物质文化遗产的保护。

2004 年，第十届全国人大常委会第十一次会议决定：批准联合国教科文组织大会 2003 年 11 月通过的《保护非物质文化遗产公约》，我国成为最早加入《公约》的国家之一。

2005 年，文化部组织开展全国"非物质文化遗产"资源普查，持续近 5 年，文化部非物质文化遗产司副司长马盛德介绍：

全国发动了约 70 万人次，把家底基本摸清了。2009 年年底时，我们宣布我国的非遗的普查工作基本结束，我国的非遗资源约 87 万项。

2011 年 2 月 25 日，全国人大常委会审议通过《非物质文化遗产法》，这是国家在文化领域第二个立法，非物质文化遗产保护从此步入法制轨道。

2002 年，中央财政对民间文化的保护经费仅 100 万元，到了 2011 年，中央财政对非物质文化遗产保护累计投入的专项资金达到 14.99 亿元。

"一声低来一声高，嘹亮声音透碧霄"。在北京地坛，"空竹张"第三代传人张国良娴熟地展示这项有 1700 年历史的传统技艺，引得了不少游客驻足观看。

张：空竹过去是一种玩具，现在不光是玩具还是一种文化，它作为一种国家非物质文化遗产，我们现在成立了厂子，我们每年生产量是相当大的。

记者：您是传承人现在教学生吗？

张：前前后后跟我学制作空竹的，不下 200 多人了。

目前，从国家、省，到市、县的四级非物质文化遗产名录保护制度已经建立。我国有 36 项文化遗产进入联合国非物质文化遗产名录，列入国家级非物质文化遗产名录的项目有 1219 项，确定国家级传承人 1488 人。

2012 年 1 月 31 日，国家命名首批 41 家非物质文化遗产生产性保护示范基地，各地还举办非物质文化遗产节、博览会，建设主题公园……璀璨的传统工艺、民间文化，在保护传承中枝繁叶茂，成为涵养民族精神、增强国家文化软实力的不竭源泉。文化部部长蔡武指出，非物质文化遗产保护是个动态的、科学的过程：文化技艺、文化信息蕴含在传统技艺中间，这是保护它的本质，所以我们要坚持，一定要是真的东西，真正的传承人，来推动非物质文化遗产真正成为全民自觉的行为。

观点链接

《中国日报》：6 月 27 日 ~29 日主题为"相聚古运河，走进新泗县"的隋唐大运河文化遗产保护论坛在安徽省泗县成功举办。此次活动由中国文物保护基金会与泗县人民政府联合举办，邀请了国内知名文史专家、中国大运河保护专家、文化遗产保护专家及国家、省、市级各有关部门领导、专家参与，是为了弘扬大运河、古泗州文化，广泛征求隋唐大运河泗县段保护的合理化建议，为大运河泗县段申报2014 年世界文化遗产助力。

《文汇报》：认真保护最能反映人民生活风貌并传承文化的民居。现在保护的多数是大型重要建筑，如宫殿、庙宇、风景建筑等，而各地各有特色的民居，也包括上海石库门在内，都没有得到认真的保护。

《内蒙古日报》：积极创造优良的非遗保护文化环境。将呼伦贝尔市锡尼河布里亚特蒙古族文化生态保护区等 12 个地区确定为自治区级文化生态保护区，积极申报锡林郭勒盟国家级文化生态保护区工作。发挥全区 67 个民间文化艺术之乡（其中 15 个被文化部命名为全国民间文化艺术之乡）和 100 余家非遗博物馆、民俗馆、传习所或展示中心的作用，及时抢救和保护了流散在民间的珍贵非物质文化遗产。

权威发布

李长春，中共中央政治局常委

李长春：做好文物工作，对于继承和弘扬中华民族优秀传统文化、建设中华民族共有精神家园；对于满足人民群众日益增长的精神文化需求、提高全民族思想道德素质和科学文化素质；对于展示良好国家形象、增强我国文化软实力、维护世界文化多样性，都具有十分重要的意义。

马盛德，文化部非物质文化遗产司副司长

马盛德：全国发动了约 70 万人次，把家底基本摸清了。2009 年年底时，我们宣布我国的非遗的普查工作基本结束，我国的非遗资源约 87 万项。

第十三章

免费开放　文化共享

【案例1】

云南省文化馆实现全免费开放　广大群众共享文化发展成果

在深化文化馆改革中，省文化馆将公共空间设施场地、培训教室、电子阅览室、展厅、多功能厅等场所于今年1月1日面向社会全部免费开放，让广大群众无障碍、零门槛进入文化馆，共享文化发展成果。

打造"大家乐"系列活动品牌。省文化馆编辑、监制了一套完整的广场舞示范光碟并在全省普及推广。同时，推出"大家乐"文化娱乐广场，民族舞蹈、歌曲、乐器大奖赛，民族文化艺术培训大课堂，群众文艺表演大舞台等。今年以来，文化馆每天定时派出业务人员，免费教学广场舞蹈。

打造"艺术客厅"城市文化艺术品牌。省文化馆探索出一条集艺术生产、演出与经营的产业化新路子，并使之成为"集约化生产"和"规模化经营"的运作平台，打造了本省群众品味云南文化的一个新舞台。从2011年1月1日起，艺术客厅全年上演"艺术客厅·精品剧目"，时段分为每星期三、五、六，其他时段文化馆组织并排演一些社区艺术团体、农民工、中小学等综艺节目，使小剧场真正成为群众实现艺术梦想的舞台。从2011年1月至今年5月，艺术客厅共完成滇剧、京剧、花灯、杂技、话剧、民乐等不同艺术形式的演出169场（次），吸引观众超过3380人次。

免费向基层文化馆、站提供馆办《民族音乐》期刊和《群众喜爱的小戏小品集》等群文活动演唱材料。免费举办各种文学创作、期刊编辑培训班。面向社会举办"我喜爱的群众文化"时事政策信息交流讲座，举办"我创作我喜欢"戏剧小品演唱小剧本创作班，音乐知识讲座，音乐创作培训班，民族民间舞蹈训练班等。创办并管理红土情艺术团、聂耳合唱团共 5 个馆办业余文艺团体，目前已演出 30 场。同时增设多样化服务，创办"关注老百姓"特殊人群文化艺术眷顾活动，主要以残疾人、农民工、低收入人群、老年人、少儿为服务对象的分享文化艺术活动。

【案例 2】

"三馆一站"免费推动文化共享

珠海要成为珠江口西岸核心城市，不但要有人才、物流、资金的凝聚，更需要文化的凝聚力和影响力，这是珠海特殊的区位决定的，也是珠海改革开放的使命决定的。在文化软实力的建设上，珠海还有很长的路要走。

广东省美术馆、公共图书馆、文化馆 (站) 免费开放工作电视电话会议 26 日在省政府召开，会议要求，我省要在今年底前率先在全国实现"三馆一站"免费开放。据珠海市文体旅游局介绍，我市现有各类公共图书馆 4 个，文化馆 4 个，博物馆 (纪念馆)3 个，美术馆 4 个，文化站 23 个。自 2008 年起，我市就开始积极响应省政府的相关号召，至今美术馆和博物馆均一直对市民免费开放。新的文化馆在建成后也将免费对外开放。

广东省要求"今年底前率先在全国实现'三馆一站'免费开放"，而珠海则又在广东省提前三年实现了"三馆一站"免费开放。珠海矢志打造"文化强市"、着力推动"文化共享"的城市发展理念，无疑由此再次得到了清晰的见证。

"三馆一站"所以应该免费开放，从"三馆一站"自身的角度看，显然是让其名至实归的必然之举。我们知道，由政府出资建设、全民所有的"三馆一站"，原本就是一种公共文化基础设施，而既然是公共基础设施，当然就应该尽可能实现"公有"和"共享"，如果坚持收费甚至高收费，势必将妨碍文化设施"公共属性"的实现。

从城市文化建设、构建文化强市的角度看，推动"三馆一站"免费开放，无疑也是提升一座城市文化供给服务水平、增强其文化认同和凝聚力的一个基本步骤。

显而易见，任何文化强市的强大，最终都要落实到体现在每一个普通市民文化品位和素质之上。而要确保这种文化品质和素质，诸如"三馆一站"免费开放这样便捷的文化供给显然不可或缺。

站在不断推进城市文化建设、构建文化强市的高度深入观察，我们又会发现，"三馆一站"免费开放其实并非文化建设的全部内容，很大程度上仅仅只是一个开始。接下来，人们显然还会提出这样一些问题，一方面，除"三馆一站"之外，我们是否还应进一步追求更多更全面的文化场馆的免费或廉价开放，比如体育馆、展览馆等等？另一方面，在"三馆一站"免费之后，我们应如何进一步不断提升这些文化场馆的公共服务水平和质量？比如，如何保证"三馆一站"获得充足经费投入、财政支持？在既有的基础上，是否还应不断优化"三馆一站"在城市的布局？

从全国范围来看，这方面的情况无疑不容乐观。以图书馆为例，统计显示，目前我国平均 45.9 万人才拥有一所公共图书馆，人均藏书量仅有 0.5 册，而按国际标准，平均两万人中应有一所公共图书馆，人均藏书量应为两册。与此同时，2008 年全国人均购书经费仅 0.794 元，全国 2500 多个县中有 700 多个县级图书馆没有一分钱购书费，"书架上都是陈旧书，占总数的 27.2%"。

应该说，在这方面，目前珠海已有不少可圈可点的"亮点"。如免费的"三馆一站"，不仅正常经费开支能够得到保证，而且"各场馆举办的具有特色的公益性活动"，也能获得政府财政的资金支持。同时，在现有"三馆一站"基础上，珠海投入巨资的新"一院三馆"（歌剧院、博物馆、规划馆、文化馆），也已在去年正式动工建设。珠海要成为珠江口西岸核心城市，不但要有人才、物流、资金的聚集，更需要文化的凝聚力和影响力，这是珠海特殊的区位决定的，也是珠海改革开放的使命决定的，在文化软实力的建设上，珠海还有很长的路要走。

深入采访

自 2011 年文化部、财政部《关于推进全国美术馆公共图书馆文化馆（站）免费开放工作的意见》出台一年多来，各地政府和文化部门以《意见》的出台为契机，积极转变作风，践行免费开放，努力探索新形势下增强公共文化服务效能的新办法，已经取得了显著的进步。

在浙江，文化部门优化了服务举措并完善了配套设施，还创建了能对群众网上提名的节目进行配送 的"文化阿里巴巴"网站。在陕西，政府牵头提出了公共文化

服务 "四进"惠民活动，即带着多种文化服务组团走进广场、走进社区、走进厂矿、走进农村。在辽宁，文化馆不单延长开放时间，还为群众无偿提供文化广场和灯光、音响。在免费开放的第一年里，各地为免费开放配套落实了多项政策，零门槛措施让广大群众轻松的走进了文化场馆，文化受益群体增长的速度明显高于当地 GDP 的发展速度。

文化共享，这是国家推进免费开放政策的战略意图。免费开放这顿大餐要让人们趋之若鹜，除了备足新鲜食材之外，还要靠厨师精心搭配，才能调众人之口。人们的文化欣赏品味在不断提高，寻找切入点是文化工作者重要的职责。应该清醒地看到，在喜人数据后面的不足。每当自问起文化集群对整个城市的服务能力有多强，参与人数占人口比例是多少？那答案会让我们骄傲不起来。实事求是地讲，某些项目节目吸引力不足，某些大众文化项目还在收费而且很贵；文化参与人数在人口基数覆盖的比重偏低；不同职业者的文化参与程度差异巨大等等。这些不足就要求有关文化部门继续深化服务，提供更多更好的文化惠民资源，帮助群众享用到公共文化普及的新鲜成果。借用一句老话来讲就是：为群众找文化，为文化找群众。

国家提倡建设学习型社会、建设学习型组织，我们的公职人员应当每年进几次免费开放的博物馆、图书馆、美术馆和文化馆，并把自己的收获同大家分享。希望全国数千万党员能率先参与到文化建设中来，做文化场馆的先进者，让一部分人先走进来、看进来、学进来。更希望先进者能进以致用，在工作中应用文化，在生活中谈论文化，用文化造就良好的工作生活氛围，以先进带动后进，形成文化参与的潮流，为繁荣先进文化做出实实在在的贡献。

人民群众是文化的追随者，也是文化的传播者，更是文化的创造者。党的十七大报告提出，把公益性文化事业作为保障人民基本文化权益的主要途径，让人民共享文化发展成果。十七届五中全会则进一步提出要繁荣发展文化事业和文化产业。随着文化体制改革的深入，文化公益事务在工作方法和人员身份等领域都会出现较大的变革，但增强人民基本文化权益的目标不会变，文化惠民工作的前途还需要我们同心同德，努力奋斗。中华民族的伟大复兴必不可缺文化的繁荣与共享，让我们携手走向和谐、共享、辉煌、共赢的美好未来。

文化是凝聚人心的纽带，也是民生幸福的关键。"免费开放"这一"文化民生工程"以前所未有的包容和责任，满足着人民群众空前释放的文化需求。2011 年 3月到 10 月，全国各级文化馆免费开放的服务人次达到了 514.45 万，比 2010 年全年多出近 100 万，当年的各级公共图书馆到馆人次更是猛增了 30%。

中国美术馆拥有藏品 10 万件，是新中国美术史的集大成者，深受美术爱好者的欢迎。免费开放后，美术馆的预约系统早早就满，现场等候领票的群众络绎不绝。中国美术馆馆长范迪安对此欣喜不已，在他看来，免费开放让中国美术馆的活动有了更广阔的辐射力。

范迪安："过去比较多来的是专业的美术观众，譬如美术爱好者、画家等，自不待言了；但是现在很多社会各界的，特别是知识界各个方面的、企业界的许多朋友都走进美术馆，在这里来欣赏不同面貌、不同风格的作品。"

文化体制改革理清了公益性文化事业的发展方向，这就是：政府全力扶持文化事业，实现人民群众的基本文化权益，让实践的检验、群众的检验成为文化事业发展的标准。

2012 年 2 月 15 号正式发布的《国家"十二五"时期文化改革发展规划纲要》提出，各级财政要建立免费开放的经费保障机制。其中，地、市级图书馆、文化馆的补贴标准是每年 50 万元，县级 20 万元，乡镇综合文化站每年补贴 5 万元。

有了国家每年近一个亿的拨款，北京首都博物馆馆长郭晓凌希望把首博办成全世界最好的免费博物馆：

郭晓凌："就免费方面来说，达到了全世界免费博物馆的最高级别了，没有什么要收费，甚至还提供很多其他的，比方说纯净水，这是国外最好的博物馆也不提供的，一般的都没有。"

中国美术馆馆长范迪安说，过去总免不了要考虑营收和成本问题，缺乏为群众服务的动力和活力。现在，他们总希望把展览办得更精细一些，更人文一些。

范迪安："提供志愿者导览、常年专家讲座、经常性的儿童美术教育活动，特别是有针对性的，譬如举办农民工、打工子弟美术参观活动，由此为更多的人进入美术馆看展览提供服务，也体现我们美术馆的一种文化关怀。"

文化部公共文化司副司长张永新表示，免费开放调动了群众的参观学习热情，提升了全民的文化品位，也倒逼着开放单位进一步提升管理和服务水平。

张永新：免费开放经费保障需要进一步提高；基层公共文化设施设备条件需要进一步改善；免费开放的服务队伍存在人员不足，能力急需提升；需着力加强公共文化服务队伍建设；进一步地创新服务内容、方式和手段。总的来看，目前基层公

共文化服务在内容，方式、手段方面还比较传统；文化活动的样式还比较单一；免费开放相关的政策、制度设计需要加强。

观点链接

《云南日报》：免费向基层文化馆、站提供馆办《民族音乐》期刊和《群众喜爱的小戏小品集》等群文活动演唱材料。免费举办各种文学创作、期刊编辑培训班。面向社会举办"我喜爱的群众文化"时事政策信息交流讲座，举办"我创作我喜欢"戏剧小品演唱小剧本创作班，音乐知识讲座，音乐创作培训班，民族民间舞蹈训练班等。创办并管理红土情艺术团、聂耳合唱团共5个馆办业余文艺团体，目前已演出30场。同时增设多样化服务，创办"关注老百姓"特殊人群文化艺术眷顾活动，主要以残疾人、农民工、低收入人群、老年人、少儿为服务对象的分享文化艺术活动。

《新华日报》：南通市公共图书馆电子图书日前正式开通。南通读者居家轻点鼠标，就可以免费阅读130万册电子图书。此次电子图书免费阅读工程覆盖南通、如皋、如东、通州、启东、海门、海安等7大公共图书馆的7万多名读者，市民只要前往图书馆免费办理读者证，登陆南通图书馆网站，进入图书馆电子图书主页，选择"百万册电子书"或者"读秀学术搜索"，就可以选择阅览各类图书、报纸、期刊以及论文。130万册图书涉及人文科学、自然科学、社会科学等22大类。

《大众日报》：作为今年为民要办的实事之一，山东省青岛市市南区20处集体育健身、文化娱乐等功能为一体的社区休闲广场将于近日开工建设。

权威发布

张永新，文化部公共文化司副司长

张永新：2011年年底之前，国家级、省级的美术馆已经做到了全部向公众免费开放，全国所有的公共图书馆和文化馆实现了无障碍、零门槛进入。到目前为止，全国有六千多家美术馆、公共图书馆、文化馆和近四万个乡镇文化站实现了免费开放。2012年底之前，我们要求全国所有各级美术馆要向公众全部免费开放。

第十四章

让文化走向市场

【案例】

运城：欢乐万荣笑声浓

骄阳似火，热浪滚滚。连日来，运城市万荣县打造笑话品牌，实施文化强县战略的热情比骄阳之火还要高涨。在该县笑话戏剧研究所里，60余名编创人员及演员不顾炎热，精心排练；专家学者应邀观看，点评指导；各级领导亲临现场，看望慰问。万荣笑话剧像一枝独秀的奇葩，越来越受到人们的关注。

发挥优势，确立发展万荣笑话产业理念

文化是一个地方经济社会发展的软实力。万荣县文化底蕴深厚，文化资源丰富，有后土文化和万荣笑话两大文化品牌，尤其是万荣笑话以其诙谐幽默、寓意深刻而独具特色。经过近年来不断宣传推介及开发，目前万荣笑话已具有一定的产业基础。2011年6月，在该县第十二次党代会上，县委书记李尧林指出："要进一步丰富'中华笑城'文化内涵，支持文化企业开发笑话文化创意产品。"县长廉广锋在县政府工作报告中指出："要大力发展笑话创意产业，不断提高'中华笑城·欢乐万荣'的知名度和影响力。"

自文化强市战略实施以来，万荣县委、县政府立足特色，发挥优势，更加坚定了发展万荣笑话产业的理念。该县成立了文化强县工作推进组，组织召开了文化人才

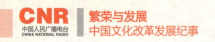
座谈会，对文化强县工作尤其是万荣笑话产业开发进行了详细论证和研讨，并出台了一系列操作性强的实施方案，使以万荣笑话产业开发为先导的文化强县战略拉开了新一轮实施大幕。

龙头带动，延伸万荣笑话创意产业链

产业的发展必须依托龙头企业的带动。在笑话产业开发中，万荣县充分发挥当地龙头企业的带动作用，大力引进人才和智慧，努力延伸万荣笑话创意产业链。

今年年初以来，该县八龙文化传媒有限公司组织万荣笑话协会会员多次深入基层采风，挖掘和整理出了300余个笑话新段子；投资50万元录制了最新版的《万荣笑话剧》光盘；投资600万元研发出了"巧夫人"老粗布、纯金秋风楼模型等文化产品；牵头举办了全国中青年国画家优秀作品邀请展。在刚刚闭幕的2012年第八届中国国际文化产业博览交易会上，该公司与深圳知识花园智能玩具有限公司签订了投资额达1100万元的万荣笑话玩具合作研发项目，与运城高速公路服务区签订了500万元的万荣笑话礼品销售合同。在深圳文博会上，该县银河万荣笑话传媒有限公司与深圳劳力欧表业有限公司签订了投资额达980万元的万荣笑话及万荣历史文化研究开发项目，使万荣笑话产业迈上了一个新的发展平台。

创新形式，着力打造万荣笑话剧精品剧目

文化的传播需要不断创新模式。为创新万荣笑话传播方式，发展笑话文化经济，万荣县组织专门的编创班子经过多次研讨，独具匠心地编排出了万荣笑话剧，实现了万荣笑话由民间口头传播到舞台表演的质的飞跃。

目前，该县除成立万荣笑话协会外，还组建了万荣笑话戏剧研究所、职工笑话艺术团等，形成了强大的万荣笑话剧演出阵容；先后编排了《送喜糖》等20多个笑话剧。同时，县政府在财政十分紧张的情况下，挤出资金60万元为万荣笑话戏剧研究所购置了大型LED全彩电子显示屏，融入现代科技手段的万荣笑话精品剧正不断走向成熟。

万荣县还将通过招商引资，对万荣笑话博览园内的各个项目进行充实，不断丰富万荣笑话博览园的内容。该县旅游部门将继续加大对外宣传力度，进一步提升笑博园的知名度和影响力，为文化强县工作推波助澜。

深入采访

从阳春白雪的高雅艺术、到通俗易懂的大众演出，各种形式各个门类的精品力作层出不穷；从转企改制后活力四射的国有文艺院团，到雨后春笋般不断涌现的民营演出机构，都散发着文化的新魅力、收获着演出市场的掌声。

平均一天出炉 2 部新电影、生产 41 集电视剧，上演 4 千场的文艺演出，演出市场的规模由 2006 年的 10 多亿元，快速增长到 2011 年的 100 多亿元，演出产品的内容和形式也日益丰富。

进入市场，国家大剧院发现了一片陌生却又新鲜的沃土：国家大剧院 4 年多来自主运营谋求发展，创作 22 部精品剧目，吸引全球 481 个艺术院团登堂入室。演出部部长李志祥说："当大批观众走入高雅艺术殿堂时，他们又把眼光放得更远。"

国家大剧院从自有资金里面拿出钱来做免费的艺术普及教育活动，使更多的观众在他没进剧场之前有更多的一些了解，所以艺术教育活动更是一个培育市场的过程。

进入市场，开心麻花剧团在创新的蓝海中畅游：用爆笑喜剧占领演出市场的空白区域，小试锋芒得到观众认可。公司负责人刘洪涛表示：他们要把"快半拍"的经营思路进行到底。

接下来我们开始做音乐剧、做网络剧，最近又开始做电影工作的筹备，我们慢慢慢慢的多元化，积累我们的品牌影响。

2011 年底，一部世界经典音乐剧《妈妈咪呀》中文版，在京沪穗三地巡演 200 多场，火爆势头刷新多项纪录。作为制作方之一，中国对外文化集团尝到了全产业链运作模式的甜头。

中国对外文化集团拥有演出产品制作、票务营销，演出院线三大板块，覆盖了生产、推广、营销各个环节。其中的"中演院线"成立仅仅一年多，就拥有 4 家直营剧院和 31 家加盟剧院，覆盖全国 16 个省市区，运作了 2000 多演出项目。中演院线副总经理王龙说："有了好的产品，要有好的渠道、推广的手段、很好的团队去运作，才能最终让文化市场真正的繁荣起来。"

王龙打个了比方，演出院线像一座桥梁，通过规模化、集约化运营，分摊成本、降低费用，更多更好的演出就能以更实惠的价格，走进更多的观众。

比如说中演院线里面新加盟的甘肃大剧院，以前能够去西部的演出产品非常的少。甘肃大剧院加入到中演院线里面来以后呢，我们就可以把院线其他的成员单位的在全国的演出节目，往甘肃去输送，就能让西部的观众，欣赏到更多的、更加丰富多彩的演出节目。

人民日报文章称："把文化区分为文化事业和文化产业，一手抓公益性文化事业、一手抓经营性文化产业，是党的十六大以来文化建设认识上的一个重大突破，文化发展实践上的一个重大创新。"这个具有里程碑意义的理论创新，决定了文化体制改革的生死成败。它首次以文化的双重属性，确定了发展的双重任务，厘定了"公益性"与"经营性"的楚河汉界，确立了"事业"与"产业"的比翼齐飞，推动了"政府"与"市场"的双轮驱动。

按照"文化事业"与"文化产业"的"二分法"思路，改革路径分外清晰。中心目标是理顺政府与文化企事业单位的关系，政府的归政府，市场的归市场。从2003年到2011年的8年间，中国文化发展标定了新的历史方位：文化体制改革明确了公益性文化事业的责任，激发了经营性文化产业的巨大潜力，并锻造了"走出去"的底气实力，中国文化进入了"黄金发展期"，出现了"发展里程碑"，并呈现了"复兴曙光"。

作为文化体制改革的中心环节，经营性文化单位转企改制是衡量改革是否取得实质性进展的重要标志。目前，经营性文化单位转企改制积极推进，国有文化单位市场主体缺失的状况得到明显改善。

文章并澄清了一些错误的观念称，长期以来，人们有一种根深蒂固的看法，认为文化事关意识形态安全，担心文化进入市场后，会改变社会主义文化性质，弱化党对文化的领导，引起思想的混乱。

然而，让文化走向市场，就是把创造的权利、评价的权利、选择的权利交给广大人民。在社会主义市场经济条件下，人民群众通过市场进行文化消费、满足文化需求。文化走向市场，就是让实践的检验、群众的检验作为文化发展的标准。这不正是社会主义文化最本质的要求吗？

让文化走向市场，就是要在市场的大潮中培育出我们自己的合格市场主体，在发展产业和繁荣市场方面发挥主导作用。占领文化市场就是占领意识形态阵地；市场份额越大，服务的群众就越多，正确导向就越能落到实处。这不正是社会主义文化发展的方向吗？

让文化走向市场，就是要在国际竞争的大格局中，以市场倒逼民族文化企业的成长与壮大。在西强我弱的文化语境中，赢得市场，社会主义价值体系才能赢得话语权、赢得主动权。这不正是社会主义文化必须面对的挑战吗？

事实证明，在市场条件下，那些关注现实、艺术精湛、思想深刻、制作精良的文化产品，赢得了最广大群众的喜爱。人民群众多样化、多层次、多方面的文化需求，得到了前所未有的满足；普通百姓自主创造文化的积极性，获得了前所未有的激发。中国文化的国际影响力和竞争力不断提升，国家的形象、党的声音传播得更加深远。

如果说，演出市场的繁荣发展背后藏着什么密码？那就是——越来越充满活力、富有效率的文化管理体制和文化产品生产经营机制。文化部市场司副司长庹祖海说：

政府一个方面要完善相关的法规，加强基础设施的投资，同时也要更多的运用市场手段吸引资金、人才到这个市场中，使节目的制作和供给、节目的运营成为演出市场的核心环节，使演出市场产业链的各个环节和资源配置得到更加优化，从而激发出市场的活力。

从更宽广的历史视野看，文化体制改革是经济体制改革在新世纪的深化和升华，是我们国家整个改革开放大业中至关重要的一环，关乎全面建设小康社会奋斗目标的实现，关乎中国特色社会主义事业总体布局，关乎中华民族的伟大复兴。

观点链接

《吉林日报》：纵览吉林大地，阵阵创作新风正吹拂各大艺术门类——省京剧院排演了《红灯记》《秦香莲》等几十部经典剧目；省吉剧院恢复了《桃李梅》《江姐》《包公赔情》《燕青卖线》等经典剧目；省京剧院目前正在策划高派剧目《康熙东巡》；省吉剧院正加工提高现代吉剧《鹿乡姐妹》；省民族乐团大型民族主题音乐会《长白乐韵》正在进行前期策划和排练；省交响乐交响大合唱《孔子》、中国音画《清明上河图》已经与观众见面；省歌舞团有限责任公司大型原创歌舞《长白神韵》在莫斯科克里姆林宫演出时，俄罗斯观众反响强烈，目前，其部分篇章正逐步更新；京剧《牛子厚》入选国家舞台艺术精品工程；评剧《宰相胡同》作为特邀剧目，参加纪念建党90周年全国现代戏优秀剧目展活动；省曲艺团有限责任公司"北方说口"的打造有序进行；东北风"二人转"艺术团等民营剧团快速发展。此外，吉林市话剧团儿童剧《水姑娘》等也基本完成创作。

《光明日报》：2004年春天，在荷兰阿姆斯特丹皇家音乐厅里，郭文景的歌剧新作《凤仪亭》在荷兰新乐团的伴奏下进行了世界首演，由于没有人会敲打川剧梆子，沈铁梅边演唱边自己敲着梆子，把荷兰观众带到了极具中国特色的神秘音乐世界中。

当年秋天，沈铁梅重赴欧洲，参加意大利都灵九月艺术节演出，在闻名欧洲的都灵音乐学院的舞台上，再次演出《凤仪亭》。2007 年夏天，沈铁梅再赴欧洲，在德国科隆，第三度为欧洲观众演出了《凤仪亭》。

权威发布

庹祖海，文化部市场司副司长

庹祖海：演出市场的繁荣发展，是文化体制改革成果的集中体现。

第十五章

群众小舞台 唱出大气派

【案例1】

晋城：奏响爱的合唱

2012年6月9日，在德国法兰克福举行的国际合唱节上，太行阳光爱乐合唱团演唱的《一窝雀》《八骏赞》《春天来了》以浓厚的地方特色和高水平的演唱征服了观众，喜获银奖；

2012年3月25日，太行阳光爱乐合唱团参加中央电视台"歌声与微笑"栏目现场演出，受到中央电视台专家的一致好评；

2011年5月太行阳光爱乐合唱团参加省第六届"三晋之春"合唱大赛，荣获大赛最高奖项"春花杯"奖；

……

在阵阵的掌声和诸多荣誉的背后，合唱团究竟有着怎样的故事？5月下旬至今，记者多次走进位于城区西上庄办事处夏匠村的太行阳光爱乐培训基地，一探究竟。

"so mi mi so mi mi so do……"5月22日晚，刚踏进培训基地，一串串跳动的音符便传入耳际，铿锵有力、抑扬顿挫的声音仿若空谷传声，让人不禁沉醉其中。排练大厅里，三十余名合唱团成员手持乐谱，在练习运气、发声之后，开始排练蒙古名曲《八骏赞》，男高音、男低音、女高音、女低音多个声部结合完美，把蒙古族对于草原的热爱和对骏马的赞叹发挥得淋漓尽致。

经介绍，记者才得知，原来这支有着高水准的合唱团是由原晋煤集团工会副主席王全惠于2011年4月发起组建的民间团队，成员都是来自全市各个行业的音乐爱好者，他们中有企业职工、有文艺工作者、音乐教师，也有医生、公安干警和公务员，还有农村的文化骨干以及刚刚从艺术院校毕业回来的大学生等。

王全惠告诉记者，用歌声激励并唤起民众的民族热情，给人们带来欢乐与微笑，促进群众文化的提高和交流，大力发展和繁荣高雅文化艺术便是合唱团成立的初衷。短短一年多的时间里，合唱团排演了《在太行山上》《大漠之夜》《沁源春·雪》《红旗颂》《回娘家》《想亲亲》《会哥哥》等多首合唱曲目，就连当地的村民也得到了高雅艺术的熏陶，受到了潜移默化的教育，纷纷告别了牌桌、酒桌，走近了音乐，哼起了名曲。

这次合唱团应德国国际合唱节组委会的邀请，于6月初在中国合唱协会的率领下，前往欧洲历史文化名城法兰克福，参加世界上规模最大、规格最高、参与人数最多的德国国际合唱节，用歌声传播和平和友谊，用歌声抒发喜悦的心情，把中国最美好的民歌艺术展示到了国际舞台上。

谈及合唱团今后的发展方向，王全惠说："通过参加德国国际合唱节，和当地民众深度交流，我发现国外的合唱艺术群众氛围非常浓烈。我市的合唱要想和世界接轨，也必将要朝着这个方向发展，形成全民参与的文化氛围，我会带着这支合唱队伍不断努力，为我市群众文化、农村文化的大繁荣、大发展注入新的生机！"

【案例2】

百姓大舞台：西宁市民的快乐大本营

打破一般文艺晚会的形式，把舞台交给普通百姓，节目形式不拘一格，只要思想健康，歌舞、戏剧、杂技、奏乐等节目都来者不拒。也不论人数多少，不论年龄大小，只要有才艺，谁都可以登台演出。从今年五月份开始，由市（西宁）政府主办、市文化广播电视局承办的"夏游西宁 百姓大舞台广场演出季"系列活动在中心广场正式启动，计划全季演出150场。

百姓大舞台是我市（西宁）打造的公益性、群众性文化惠民工程，通过百姓大舞台，挖掘、传承、宣传和推广我市别具民族特色的地方文化，打造民族文化品牌。

如今，百姓大舞台已成为市民的"快乐大本营"，为我市（西宁）四区搭建了彰显各区文化内涵，反映群众精神风貌的主题展示平台，各区积极组织辖区群众编排一个又一个精彩节目，把一台又一台丰富多彩、各具特色的综艺晚会奉献给广大市民和来宁游客，充分展现了夏都西宁的活力和独特的文化魅力。

为百姓办一个大舞台

百姓大舞台贯彻了全省文化改革发展大会和我市（西宁）文化旅游发展大会精神，是对大会精神的深度实践，在发挥文化事业建设生活之城和幸福之城中的重要作用，全面促进西宁人文魅力以及城市品牌的进一步提升，全面展示"中国夏都"城市旅游形象，积极引领全市（西宁）各族群众更好地开展各类文化活动方面起到了创新作用。

百姓大舞台积极挖掘、传承、保护、开发我市民俗文化资源，为民间艺人提供展示才艺的舞台，丰富广大群众文化生活。从启动当天的专题晚会《群星璀璨耀夏都》赢得群众空前热情的情况看，市政府为百姓办一个舞台的思路，赢得了百姓好评。一时，秉着"我参加、我健康、我快乐"的理念，百姓大舞台的表演受到了广大市民特别是中老年人的喜爱和欢迎。

为了确保"夏游西宁·百姓大舞台广场演出季"活动安全、有序、顺利开展，市（西宁）政府主要领导高度重视，市文广局多次召开了专题会，研究部署各项工作。同时，城中区委区政府、市公安局、城中区城管局为演出顺利进行给予了大力支持与帮助，市（西宁）供电公司、中心广场管理办公室等相关部门多次召开现场会，就场地、安保、电力保障、舞台搭建等方面积极协调配合。市群众艺术馆专门成立了演出组、宣传组、保障组等工作小组，夜以继日地工作、编排节目，确保了演出活动的顺利进行。

很快，百姓大舞台就成为丰富市民文化生活、提升城市人文素质的一大文化品牌，各类专场演出赢得百姓喝彩。因此百姓大舞台已成为西宁文化发展战略的重要载体，亮点突出、成效显著，成为西宁当前文化建设的新亮点。

深入采访

党的十六大以来，我国覆盖城乡的公共文化服务体系逐步建立，全国文化信息资源共享工程已覆盖99%的行政村；乡乡有综合文化站的目标基本实现；广播电视村村通、农村电影放映、农家书屋等一系列文化惠民工程，给群众带来了实实在在的文化享受。文化部全国文化信息资源建设管理中心主任张彦博说："建立了一批为广大基层群众所能够利用的文化场所，体现了公共文化服务公益性、均等性、基本性、便利性。"

人民群众不仅是文化的享有者，更是文化的创造者。社区文化、企业文化、村镇文化、校园文化……群众文化红红火火，为文化的大发展大繁荣提供源头活水。文化部部长蔡武表示：十二五期间，我国将继续健全和完善公共文化服务体系建设，让最广大的人民群众享受文化发展成果。

"因为这是扎扎实实地为老百姓做的事情，它真正发挥它的功能，对于提高我们全民族的科学文化素质，特别是提高我们占 70%、80% 的农村人口的文化科学素质，从而为我们全面建设小康社会提供更强大的精神动力、文化智力支持和道德支持。"

党委政府高度重视：文化投入力度不断加大

加强公共文化服务体系建设、让人民群众共享文化改革发展的成果，这是社会主义文化建设的根本目标与方向。

党的十六大以来，党中央、国务院先后制定下发了国家"十一五"时期文化发展规划纲要、关于进一步加强农村文化建设的意见、关于加强公共文化服务体系建设的若干意见，对构建公共文化服务体系、实施文化惠民工程等作出重要部署。党的十七大顺应广大人民群众对文化的新期盼，把"覆盖全社会的公共文化服务体系基本建立"作为实现全面建设小康社会的重要目标之一。胡锦涛总书记在中央政治局第二十二次集体学习时强调要"加快构建公共文化服务体系"，并将之作为"三加快一加强"文化改革发展总体布局的重要内容。

按照中央的部署安排，各地各部门把发展公益性文化事业摆上重要位置，加大财政投入，完善相关政策，健全设施网络，拓宽服务渠道，加快构建覆盖城乡、面向广大群众的公共文化服务体系。

"十一五"期间，各级财政对文化的投入大幅度增加，从 2006 年的 685 亿元增加到 2010 年的 1528 亿元，年均增长 22.2%。国家发改委累计安排公共文化设施建设资金超过 200 亿元，其中用于基层文化设施建设的资金是"十五"时期的 8 倍，是改革开放以来增长速度最快的一个时期。中央财政通过转移支付方式，大力推进重大文化工程项目，支持各地文化建设。"十一五"期间，中央投入 39.48 亿元用于全国乡镇综合文化站建设；中央和地方共投入 82 亿元用于广播电视村村工程建设；投入近 23 亿元用于农村电影放映工程；投入 46.9 亿元用于农家书屋工程；投入 63

亿元用于文化遗产保护，是"十五"时期的近 4 倍；此外，2008 年到 2010 年，中央财政累计安排 52 亿元专项资金用于公共文化实施免费开放。在加大投入的同时，文化投入结构也逐步改善，文化事业费进一步向西部地区、向基层倾斜，比如 2010 年西部地区文化事业费达到 85.78 亿元，占全国的 26.6%，比 2007 年提高了 5.1 个百分点。

实施文化惠民工程：提升百姓幸福指数

吉林省靖宇县农村电影放映员刘晓明近来"相当忙"，他开着自己的微型面包车，每天穿梭在吉林省东部山区的乡间小路上——他要赶在秋收开始前，为 14 个村庄放映完今年的最后一场电影。

作为一名农村放映员，刘晓明切身感觉到农民文化生活的改善。"今年我们就放了《建国大业》《举起手来 2：追击阿多丸》好几部大片，这样的大片农民在家门口就能看到，搁以前谁敢想呀？"

不仅农村电影片源不断丰富，放映条件也得到了明显改善，让农民看电影的积极性更高了。"以前放电影赶驴车，扛的是好几十斤重的胶片机，放的影片老，图像还模糊；现在我们开'微面'，用的是轻便的数字机，放映影片新，图像清晰，声音还逼真，你说大家伙能不爱看吗？"

在家门口就能享受免费的电影大餐，并非靖宇县农民的"特殊待遇"。来自广电总局的数字："十一五"时期，农村电影放映工程共组建农村电影数字院线 240 条，数字电影放映队 4.1 万多支，拥有数字放映设备 4.2 万多套。2010 年农村电影公益放映场次超过 800 万场，覆盖了全国 60 多万个行政村，形成了遍布全国农村的数字电影放映新格局，农村电影放映工程确定的"一村一月放映一场电影"的公益服务目标基本实现。

满足广大农民群众精神文化需求，保障基层群众文化权益，包括农村电影放映工程在内的重点文化惠民工程发挥了不可替代的作用：

——广播电视村村通工程提前完成覆盖，全部已通电行政村和 20 户以上自然村。而按照 1998 年这一工程刚实施时的统计，在我国有 70 多万个散布在偏远深山中、交通不便地区的行政村，居住在这些地方的 1.48 亿人听不到广播，看不到电视。

——覆盖了 90% 行政村的全国文化信息资源共享工程，广泛整合图书馆、博物馆、美术馆、艺术院团及广电、教育、科技、农业等部门的优秀数字资源，依托各级图书馆、文化站等公共文化设施和农村党员干部现代远程教育、农村中小学现代远程教育等工程，为基层送知识、送欢乐，截至2010年底累计服务群众近10亿人次。

——已覆盖全国50%行政村的农家书屋建设工程，通过在行政村建立农民自管自用的公益性阅读场所，解决了农民群众看书难的问题。到今年底，全国预计建成50万家农家书屋。

……

近年来，为让更多百姓享受"优质文化就在家门口"的公共福利，全国博物馆、纪念馆、美术馆、公共图书馆、文化馆（站）不断加大免费开放的力度。截至2010年底，全国文化文物部门归口管理的1743个公共博物馆、纪念馆和爱国主义教育示范基地如期全面免费开放。

2011年底之前，国家级、省级美术馆全部向公众免费开放；全国所有公共图书馆、文化馆（站）实现无障碍、零门槛进入，公共空间设施场地全部免费开放，所提供的基本服务项目全部免费。目前，国家图书馆、国家博物馆、中国美术馆已免费开放，陕西实现省内"三馆"全部免费开放。

免费开放之举，获一片叫好声，被社会普遍认为是提高公民素质和幸福指数的重要途径，"犹如一股春风，在人们心中激荡起走进文化艺术殿堂汲取知识、提高修养、享受文化权益的阵阵暖意"。

创新服务方式：打造文化民生品牌

从社区的文化活动到大剧院上演的芭蕾舞，从锣鼓巷的民俗文化到相声俱乐部，从旅游文化节到群众周末大舞台，北京文化惠民工程带给市民实实在在的精神享受。

据介绍，北京市文化基础设施总量全国第一，部分领域已接近世界主要城市水平。其中博物馆数量156家，仅次于伦敦居世界第二；公共图书馆在伦敦、东京和巴黎之后居世界第四；人均拥有电影屏幕数量接近巴黎、日本水平。各行政村已基本建成多媒体综合文化中心，在全国率先实现农村有线电视、电子政务、有线广播、图书信息服务、文化信息资源共享、数字电影、党员教育和远程教育"八网"合一。

推进基层公共文化服务共建共享，各地纷纷出台新举措，努力打造文化民生品牌，探寻统筹城乡文化建设的发展新路。

——广东在全国率先开展"流动图书馆""流动博物馆""流动演出网"三大文化流动服务网络建设，推出"城市街区24小时自助图书馆"，建设数字图书馆联盟以及"网上图书馆""网上博物馆"等数字文化服务体系，实施珠江三角洲地区文化共建共享工程，推进公共服务"一体化"。

——河北全面完成县级数字影院建设，全省各地规划建设了一批集游艺娱乐、休闲健身、公益活动等功能于一体的文化景观、文化广场，打造了系列群众文化活动品牌，霸州市公共文化服务体系建设和邯郸市"欢乐乡村"农村文化工程成为全国先进典型。

——陕西将农村公共文化服务设施建设纳入村级社会事业公共设施统筹建设项目，统筹职能、统筹规划、统筹项目、统筹资金，积极鼓励和支持社会资金投入农村文化设施建设。

为进一步明确基层政府在公共文化服务体系建设中的主体责任，2011年上半年，文化部与财政部联合实施了国家公共文化服务体系示范区（项目）创建工作。"十二五"期间将在全国东、中、西部创建一批结构合理、发展平衡、网络健全、运行有效、惠及全民的公共文化服务体系示范区，培育一批具有创新性、带动性、导向性、科学性的公共文化服务体系示范项目，为我国公共文化服务体系建设探索路径、积累经验。

群众自办文化：我的文化我唱主角

"虽说平时也参加过不少演出，但是如此高规格、大场面的舞台还是头一次，这些舞台灯光音响设备真是好，我没想到自己也能在这样的舞台上唱歌。"说到参加"辽宁省首届群众文化节"的感受，张林田竖起了大拇指。

正在举办的辽宁省首届群众文化节将持续到10月15日，一个月的时间里举办14台特色文艺晚会，从社区群众声乐器乐展示、老年合唱节、农村小戏小品展演，到全省非物质文化遗产节目展演、皮影戏精品展演等，将有4000余名张林田这样的群众参与演出。

近年来，公共文化服务体系建设的加快推进，大大调动了群众自发的文化创造热情："我的文化，我唱主角。"

在许多地方，农民以家庭为单位开展文化活动，发展农家文化大院和文化中心户，不断丰富活动内容，充实活动内涵——农民自办文化成为公共文化服务的重要补充。

为鼓励和扶持农民自办文化，各地文化部门采取积极有效措施加强农村业余演出队、业余电影放映队、农村义务文化管理员以及社区文化指导员等业余队伍的培训，鼓励农民自办文化大院、文化中心户、文化室、图书室等，支持农民群众兴办农民书社、电影放映队，取得了很好的效果。

与此同时，民营文艺表演团体因运行机制较为灵活、演出成本较为低廉，在农村文化市场如鱼得水。作为山西清徐嫦娥文化艺术有限公司的领头人，"梅花奖"获得者胡嫦娥和团里的演员们抬着戏箱，上矿山、进山庄、入农家，足迹遍布山西、陕西、内蒙古等地数十个县、近千个村落，演出6000余场，观众上千万。五年来，吉林省松原市前郭尔罗斯蒙古族自治县民族歌舞团平均每年下基层演出300场次，几乎天天有演出，同时努力为家乡培养更多文化骨干——与当地文化馆联手，开办"马头琴培训班"，全县现在有专业马头琴手5000多名。

"以农村基层和中西部地区为重点，继续实施文化惠民工程，基本建成公共文化服务体系"。"十二五"规划建议所描绘的未来五年文化民生的美好画卷，正徐徐展开。

观点链接

《广西日报》：以大创作推动大文化。从2008年提出"打造广西气派的舞台艺术精品"以来，自治区文化厅将"大创作"作为工作的重中之重，并以此推动整个文化事业的发展。余益中提出，文艺创作要紧紧围绕两个方面：一是精品，一是大众。精品创作，就是要打造在全国拿得出手的作品、顶尖作品，形成广泛的影响力，让观众享受文化成果；面向大众的作品，必须服务大众，为群众所喜爱。

权威发布

蔡武，文化部部长

蔡武："建立了一批为广大基层群众所能够利用的文化场所，体现了公共文化服务公益性、均等性、基本性、便利性。"

蔡赴朝，中共中央宣传部副部长，国家广播电影电视总局党组书记、局长

蔡赴朝：县级城市数字影院建设，是列入国家"十二五"经济社会发展规划的重点项目，是满足基层群众精神文化需求的重要文化惠民工程，是当前和今后一个时期广播影视改革发展的重大战略任务。

政策助力文化崛起

【案例1】

体制改革引领九江文化产业艳阳天

　　5月1日，靓丽的九江市新博物馆试开馆迎客，成为八里湖畔的新亮点，首日即接待6000多人次参观。投资1.2亿元兴建的九江市新博物馆，建筑面积达1.8万平方米，是我省目前最先进的综合性博物馆。随着博物馆的建成，有着2200多年悠久历史和灿烂文化的九江市，其众多文物有了一个更为适合收藏的场所，也提供了一个更为适合展示九江厚重文化底蕴的平台。

　　建设新博物馆只是九江大力推进文化体制改革，实施文化强市战略的一个缩影。近年来，九江市坚持以发展为主题，以改革为动力，以政策为保障，以保障群众基本文化权益为出发点，积极推动文化体制改革向纵深发展，有效推动了全市文化事业和文化产业的繁荣发展。目前，九江市已基本完成中央既定的文化体制改革各项重点任务，取得了较为明显的成效。

　　为确保文化体制改革推进到位，九江市明确了文化强市战略部署，成立了文化体制改革工作领导小组，设立了文化产业建设基金（每年300万元），规划出台了《关于加快发展文化产业发展的若干意见》《九江市"十二五"时期文化体制改革和发展规划纲要》和《九江市文化产业园区（基地）管理暂行办法》等一系列意见措施。近三年来，九江先后投入10多亿元高标准建设体育中心、博物馆、文化艺术中心、美术馆、滨江生态文化园等文化工程，总投入超过了过去十几年的总和。其中，总投资 4.5 亿元的新体育中心已竣工投入使用；总投资 0.18 亿元的美术馆已经开放；总投资 1.2 亿元的博物馆已开馆迎客；总投资 3.2 亿元的文化艺术中心正在紧张施工，明年将投入使用。各县（市、区）也高度重视文化基础设施建设。瑞昌市投资 1.1 亿元高标准建设文化艺术中心，湖口县投入 1.1 亿元兴建博物馆、文化馆、影剧院等文化基础设施，这些文化设施为九江文化产业发展奠定了良好基础。

随着文化体制改革的不断推进，目前，九江市县两级电影发行放映单位已全面完成转企改制。九江市广电网络基本完成整合，并入全省一张网。九江市新华书店更名为"江西新华发行集团有限公司九江市分公司"，顺利完成转企改制。市本级文化、新闻出版等单位的行政管理职能进行了归并整合，成立了文化新闻出版局，并在全省率先成立市级文化市场综合执法支队。为此，九江市文化新闻出版局被评为全国文化市场综合执法改革先进单位。九江日报社形成了"三报二刊一网"的传媒发展格局。九江市还成立了九江广播电视台，通过电台、电视台合并使广播电视资源优势互补、融合发展，从而形成更大的发展平台。此外，九江市还大力推进文艺院团改革。市县两级文艺院团已完成清产核资和改制方案的制订，正在有步骤地推进，5 月底前全面完成院团改制任务。各级文艺院团积极引进民营资本，盘活市场，由过去政府养文化，转变成政府管文化，真正通过市场激活文艺院团在市场经济中繁荣发展，不断满足人民日益增长的文化需求。公共文化服务体系建设也得到了快速推进。全市已建成乡镇综合文化站 172 个，有效推进了社区和乡镇文化站全覆盖。全面完成县级文化馆新建和改扩建任务，图书馆、博物馆、纪念馆等公共文化服务设施面向民众实行全免费开放，农村文化三项活动做到了"四个全覆盖"，让广大群众得到了"政府买单、农民看戏"的实惠。

文化体制改革引领九江文化产业迎来了艳阳天，催生了九江文化产业的繁荣发展，也促进了九江文化企业的效益增长。目前，九江全市共有各类文化市场经营单位 2839 家。2011 年，九江市文化产业增加值 25.0464 亿元，同比增长 31.84%，占全市 GDP 比重为 1.99%。九江积极推进文化体制改革，得到了国家相关部门的充分肯定，2010 年、2011 年连续两年被评为全国文化体制改革工作先进地区。

【案例2】

多方面支持　政府助力文化产业崛起发展

文化产业发展离不开政府部门的推动、助力，五千年文博园从2008年一期工程开建起，就陆续得到政府从税收、土地、规划等各方面给予的支持，太湖县行政区划图更因为五千年文博园而改变。作为全省最大的文化产业工程，政府为文博园的发展、腾飞插上翅膀。

2007年，五千年文博园前期准备工作进行中。当时，让朱林寿最担心的是，能不能得到太湖县政府的认可？土地、规划等相关政策能不能提供支持？抱着尝试的态度，当年，朱林寿对相关职能部门进行了项目汇报。没想到，在深入考察以后，政府及职能部门态度发生了转变，对五千年文博园的兴趣也越来越大。太湖县建设局副局长辛治美回忆道："一开始我们抱着怀疑的态度，但是当我们到他在安庆的皖江文化园看了以后，觉得理念确实是不一样，建立了信心。合同签订以后，五千年公司马上实施，规划、设计、土地报批速度非常快。从上到下都给他极大支持。"

在规划中，文博园一期工程需要近600亩用地，初期政府部门给文博园批了70多亩商业用地，随着文博园不断发展壮大，又陆续供给100多亩。

在政府和职能部门的扶持下，文博园项目越做越大。2009年，文博园吸引到赵泰来艺术馆和国家级画馆加入，太湖县政府当年给予五千万元的奖励，这在太湖县历史上还是第一次。同时政府还给出了从未有过的政策支持。太湖县宣传部部长张双伍说："在县级政府能够实现范围内，在用地、规划、建设包括税赋都给了一定政策支持，我们给予的是保姆式的服务和从来没有过的一事一议制度。"

无论文博园在建设中遇到什么困难，政府都会组织相关职能部门进行讨论，一事一议，帮助解决。太湖县文化局办公室主任孙长旺说，三教合一广场当时就是文化局和朱林寿共同讨论出的结果，文化部门在建设中还提出过不少建议："过去太湖文化产业基本上没有，现在这个投资几个亿，成为文化产业领军，我们对布局上提些建议，在文化产业项目申报上也给予支持。"

随着五千年文博园发展势头越来越猛，文化平台搭建的越来越高，现在，甚至太湖县的行政区划图也为之改变。太湖县建设局副局长辛治美说："我们已经委托同济大学进行新一轮行政图修编，现在方案已经出来了，把县城定为国家文化产业传承示范基地。无论在城市空间布局，还是各项设施建设，都要按照这个目标来实施。对文博园周围用地严格控制，为它发展留出空间。"

目前，五千年文博园二期工程正在火热开建中，预计 2013 年开门迎客。太湖县政府已经把文化产业作为转型跨越发展的支柱性产业来抓，五千年文博园作为国家文化产业示范基地，更是得到政府从各方面政策上的倾斜、扶持。在政府和民间企业合力拼搏下，相信五千年文博园作为我省最大文化产业项目，能快速实现腾飞，推动当地经济转型，为拉动当地乃至全省经济和文化的发展插上两翼。

深入采访

文化事业与产业比翼齐飞，政府与市场双轮驱动。如果说，金融政策扶持是在市场上为文化企业输血，那么，财税优惠政策就是政府直接在为企业减负。

2005 年和 2009 年，相关部委两次发布《经营性文化事业单位转制为企业的若干税收政策问题的通知》，对文化单位转企改制给予税收政策优惠，覆盖了企业所得税、房产税、增值税和出口退税等多个税种。

2009 年 8 月，宁夏黄河传媒出版集团整合宁夏人民出版社和新华书店等资源，改制组建成现代综合性文化产业集团。宁夏黄河传媒出版集团的公司资产财务部部长蔡文贵回忆，那年出台的税收优惠政策让集团"轻装上阵"。

蔡文贵：享受所得税和房产税全免，从所得税这块来说吧，2010 年我们应该缴纳 540 多万，这块全免了。然后房产税这块儿有三四十万。

国家新闻出版总署办公厅主任、新闻发言人范卫平算了一笔账。他说，这笔账足以表明，文化企业既是改革的实践者，也是国家扶持政策的受益者。

近年来，公共财政对文化建设的投入逐年增加，文化支出占财政支出的比例逐年提高：2011 年，全国公共财政文化体育与传媒支出预算数为 1713 亿元，而执行数为 1890 亿元。同时，国家明确，对转企改制国有文化单位扶持政策执行期限再延长五年。

观点链接

新华网：2009 年，财政部、海关总署、国家税务总局联合发布《关于文化体制改革中经营性文化事业单位转制为企业的若干税收政策问题的通知》和《关于支持文化企业发展若干税收政策问题的通知》。这些改革配套政策的出台，为深入开展的文化体制改革提供了新的政策保障。

权威发布

范卫平，国家新闻出版总署办公厅主任、新闻发言人

范卫平：试点5年，2003年到2008年，国务院出台文件，（提出）支持文化事业单位转为企业应该享受的优惠政策，另外就是支持文化企业发展的优惠政策。在试点期间就减免所得税，全国减免了多少？总共减免了87个亿，新闻出版占了80个亿。

第十七章

中华文明 走向世界

【案例1】

克罗地亚有了第一所孔子学院

近日，由上海对外贸易学院和萨格勒布大学合作开办的克罗地亚第一家孔子学院正式落成。记者慕名专访了克罗地亚孔子学院中方院长严立东。

随着严院长走进孔子学院的办公区域，三百多平方米的宽敞教室和办公室令记者眼前一亮。严院长介绍说，克罗地亚孔子学院是从2010年开始筹备的，经过近两年的精心准备，现在终于揭牌。这所孔子学院得到了萨格勒布大学的大力支持，教学区位于萨格勒布市中心，可以满足100多名学生同时上课，为孔子学院的发展奠定了坚实的基础。

作为克罗地亚的第一所孔子学院，其主要任务是普及汉语教学，同时推广中国文化，增进克罗地亚人对于中国各方面的了解和理解。另一方面，由于萨格勒布大学目前还没有开设中文专业，中文课仍然是选修课，所以帮助萨格勒布大学建立中文系也是孔子学院未来的主要工作之一。

严院长表示，虽然刚到克罗地亚一个多月，但他已经深深感受到克罗地亚人民对中国人民的友好情谊以及他们对中国文化的向往。他说，克罗地亚外交部、教育部、文化部以及萨格勒布大学的各级领导都对孔子学院表现出极大的热情，热心地提供帮助。当地有很多学生和已经工作的人都希望孔子学院能尽早开始招生，以便于他

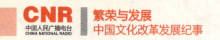

们报名学习中文。

事实上，克罗地亚人学习中文的热情一直都很浓。由于萨格勒布大学还没有开设中文本科专业，所以不招收校外学生，而随着克罗地亚与中国经济与文化交流的不断加深，越来越多的克罗地亚人渴望学习中文和中国文化。严院长介绍说，孔子学院建立以后，第一步就是开设中文课程，先教授当地人一些简单的汉语基础。上海对外贸易学院有着丰富的对外汉语和经贸教学经验，所以，克罗地亚孔子学院将在经贸汉语教学和中国商业文化教学方面突出自己的特色。

克罗地亚与中国的经贸往来在巴尔干地区处于领先地位，2011年两国双边贸易额达到16亿美元。以往，有的克罗地亚商人要通过欧盟国家或俄罗斯购买中国商品，产生了额外的中间费用。现在，越来越多的克罗地亚商贸企业直接从中国订货，而在与中国人直接洽谈的过程中，东西方商业文化的不同也造成了很多误解和问题。严立东院长说，现在，克罗地亚人不仅从中国进货，也开始向中国销售克罗地亚的商品。贸易往来需要了解双方商业文化背景，才能更好地进行交流和沟通，而克罗地亚孔子学院将在这方面配备专门的教师，以满足克方了解中国商业文化的需要。

除了面向大学生和成人教授汉语和推广中国文化外，克罗地亚孔子学院还计划将中文课程引入中小学。随着中国热的不断升温，现在很多克罗地亚家长希望孩子在中学甚至小学就能学习一点中文基础知识。而孔子学院将逐渐在当地中小学中开设中文课，以满足不同年龄阶段的学生对于中文教学的需求。严院长还介绍说，随着越来越多的中国人走出国门，孔子学院还将为当地华人华侨的未成年子女提供汉语教学服务，让旅居海外的华人华侨子女不忘记"乡音"。

严院长最后表示，克罗地亚孔子学院是在中克双方的精心准备和不懈努力下建成的，这所孔子学院将为在克罗地亚传播中国文化提供一种新的渠道，同时也将成为克中人民沟通的一座新桥梁。

【案例2】

荟萃中华民族文化精品

2004年，深圳率先在全国高高举起"文化立市"的大旗，"文博会"应运而生。2005年，已是风华少年的第二届文博会便冠名"中国"，也正是从这一届开始，文博会明确了自身推动中国文化产业发展的使命。

2010 年,经过六届成长的文博会首次实现"满堂红"。全国 31 个省、市、自治区和香港、澳门、台湾地区参展。一大批龙头文化企业、国家文化产业示范基地亮相,总成交额过千亿元,成为拉动中国文化产业发展的强大引擎。

今年,在"十二五"开局之年举办的第七届文博会,更是拿下了多项纪录。山西、浙江、海南等政府组团由往届的几十人增至数百人,海外采购商数　量创历届之最,展品涵盖十二大文化产业内容,总成交额达 1245.49 亿元,比上一届增加 156.93 亿元,掀开了文博会历史的崭新篇章。

从此开始,世界对中国文化的了解不仅仅停留在秦砖汉瓦、故宫长城、苏州刺绣、满汉全席上。来自湖南的创意设计、深圳的动漫游戏、北京的影视作品等各地近年来文化产业的"拳头产品",让前来参观的中外观众过足了瘾。

"文博会是对中国文化的集体检阅和全方位展示,这里汇聚了中国最前沿的文化。"深圳国际文化产业博览交易会有限公司总经理叶建强告诉记者,世界可以在这里了解当今的中国,中国文化从这里走向世界。

深入采访

文化体制改革十年,"走出去"的不仅仅是孔子学院。从中央电视台外语频道的开播到纽约时代广场上中国形象片的展示,从海外文化中心在 9 个国家的扎根运营到"中国文化年"在世界各地的成功举办,从世博会的海纳百川到海外书展上刮起的"中国风",中华文化正在以不可阻挡之势,走向世界。

数据记录着中国文化走出去的辉煌成果。2011 年,我国出口文化产品总额达 187 亿美元,比上年增长 22.2%,创历史新高。

记者:柳署长,您刚刚从伦敦书展回来,作为主宾国,我们国家为本届伦敦书展设计了百余项活动,这是不是新闻出版业加快走出去步伐,扩大中国图书国际影响的重大举措之一呢?这些年,新闻出版走出去步子迈的很大,您觉得文化走出去带来什么样的变化?

柳斌杰:你说得很对,伦敦书展是中国在西方主要国家进行的一项文化面对面的交流。中央领导非常重视,亲自参加了伦敦书展活动。大家感受非常深切,一是反映了我国出版业这些年的发展变化,通过改革开放增加了活力,改变了过去参加国际书展的态势,现在我们主要集中展示中国文化。出版产业也有了自觉参与国际竞争的积极性，进行版权交易，实物贸易，以及一系列合作项目，发展态势良好。

二是展示了中国改革开放以来的成就，展示了我们在党的领导下所探索的这条道路。比如，我们在伦敦书展开设的，主题涉及 "中国道路" "中国发展" "中国共产党的九十年" "中国共产党为什么能？" "中国成功的秘密" 等，直接宣传我们的核心价值观，西方世界非常震撼。中央领导同志说在伦敦刮起了 "中国风"。西方政要，英国王室和大臣，北约组织、欧盟组织的很多官员都来到中国主宾国展场，通过图书了解中国的发展。

三是文化输出。这次伦敦书展，我们输出版权 1800 多项，推动中国思想文化走出去，传播了中国的价值观念，实现了历史性的突破。同时，我们以书为媒，组织了包括电视、电影、摄影、建筑等 13 个门类的展览。特别是三大展项，包括四川地震灾区重建美好家园展，中英两国摄影家拍摄的百年中国对比照片展，以及香港回归 15 年成果展，在英国海德公园展览，各国观众络绎不绝，了解到一个发展变化中的中国。这次伦敦书展中国主宾国活动是非常成功的，反映了改革开放以来的成果，反映了中国在国际上的影响力，也反映了我们文化界在 "走出去" 方面所做的努力。

文化年、文化中心、文化贸易……这一个个项目和活动见证着我国文化外交走出去和带回来的足迹。文化部对外联络局副局长于芃最近接受了中央人民广播电台记者的专访，在他看来，近十年来，文化外交充分贯彻了以人为本、全面、协调、可持续的发展概念。

高层重视

在文化外交的工作中，于芃明显感觉到，高层、党和国家的领导对对外文化工作的重视、参与度以及表率明显增强。领导人出席文化协定签署仪式，出席互设文化中心谅解备忘录的签署仪式，出国视察文化中心、孔子学院等等这些已经非常普遍。在国内，每年对对外文化工作的批示逐年增加，现在每年的相关批示已经超过 100 条。

这些不但反映出上级的重视，也带来了一个大氛围。于芃认为，中央领导重视文化外交和国内的建设理念相关，因为国内要建设政治、经济、文化、社会等多位一体的和谐社会，必然在国际交往当中也需要体现这个理念，需要用国外的力量帮助国内发展，同时，将国内的这种发展理念同国外交流。

前几年，温总理亲自出席了中国和印度文化界的一次专家学者座谈会，畅谈中印文化关系和未来发展。在韩国，温总理曾亲自出席了首尔中国文化中心的"汉语星期六"活动。2009年11月温总理在开罗，在与文化人士交谈时说，经济是代表今天。

高层的重视带来的是机制的建立和层次的提升。近年来，约有十多个涉及到不同区域的、更高级别的文化、人文的交流、磋商机制。例如，2010年，刘延东和希拉里牵头建立了中美人文合作磋商机制。此外，还有中英、中欧、中非、中阿、中日、东盟10+3和东盟10+1，等等。这些机制的建立，在官方政府的层面，为国际文化的交流与合作奠定了基础。

同时，在国内，中央十几个部委成立对外文化工作部际联席会议机制，把"大文化"的概念整合到对外工作中。中央和地方文化部、各地文化厅局之间也有一个年度的合作、协商、对话机制。上层的重视使得对外文化工作有一个很好的氛围，同时也促进了国内和对外合作机制的建立。

"深入人心"的交流

于芃还认为，这几年思想、理念层面上的交流明显加强了。他说："文化交流不是我们简单地看到的，比如说表演或是电影。文化交流应当是一种心的交流、人的交流。"习近平副主席曾提到，对外的文化活动不求每次都轰轰烈烈、热热闹闹，但求持之以恒、打动人心、拉近情感。

今年，有一个名叫"再生"的展览曾在国家博物馆展出，展品是外国摄影家拍摄的灾后重建的汶川。在展览开幕式上，面对着来自40多个国家的大师，还有一些外宾吧，文化部部长蔡武在讲话中提到，请外国摄影家到汶川拍灾后重建，是要让世界看一看四年过去了，灾区现在变成什么样子。他说："这是一次无声的汇报和致谢。"一个参加了这个拍摄工作的英国摄影家说："其实我接到到四川拍灾后重建的邀请，我想到的是，四川希望我拍一拍你们现在怎么样了。灾区老百姓是不是过上好生活了。但是我没想到，中国政府四年之后还记着当年世界各国对中国的支持。用这样一种方式来汇报，或者是致谢。"

展览也许留给人们眼中的是图片，但是留在大家心里的，是在思想交流层面对中国价值的认同。对于图片的印象或许会随着时间的推移而变淡、模糊，可是，心里的感动却是长远的。

青海与贝宁文化中心的合作恰恰也体现着这种"深入人心"的力量。贝宁是一个不太富裕的国家。贝宁府特想让"文化界"脱贫，让艺术家"脱贫"。而青海有一个对于贝宁来说很有价值的实践经验。青海省厅辟出一块政府用地，允许企业投标，建工艺品集散地。因为，在青海农村地区，一些家庭妇女会剪纸等很多"非遗"的技能。可是，在家里贴着窗花并不能产生经济效益。所以，青海建立工艺品集散地，招标公司每年搜集、收购这些东西，而后出售。贝宁对此很感兴趣。我国便安排青海到贝宁去介绍、讨论相关的政策和方法。贝宁文化部司局级的官员对此提出了很多问题。于芃认为，这就是治国理念的较量。最后，贝宁又到青海进行了实地考察，签订了关于手工业方面合作的框架性协议。这种合作涉及民生，帮助改善了贝宁的生活，很受欢迎。

玉树地震时，并不富裕的贝宁文化部拿出几千美元，表示感谢青海为贝宁所做的一切，"没有别的办法我们捐一点钱"。于芃认为，"这就说明和青海的合作打动了贝宁的心，文化交流要看到深层的东西，看到思想上的东西，看到感情上的东西，这是文化交流最高的境界"。

"永不落幕"的交流

有了文化交流的深度，还要保持交流的持久性。从 2003 年开始，中国和法国开始举办文化年。现在，中国和澳大利亚、中国和土耳其、中国和俄罗斯等等很多国家都建立起了中国文化年。在中国文化年之后，温总理曾讲，要办一个永不落幕的文化年。于芃认为，这种长效机制是对人的需求的呼应。

除了文化年活动，非洲文化聚焦——中国文化聚焦、设立文化中心等都是力求将文化交流常态化的举措。

1988 年我国开始在毛里求斯、贝宁设立文化中心。2002 年开互设文化中心。文化部赵少华副部长指出，文化中心具有四大特点。首先，文化中心体现"大文化"。一个文化中心要组织活动、提供信息服务、有图书馆、组织教学活动、教汉语、教烹调、教武术、教艺术……提供给当地民众所需要的与中国有关的服务，满足当地民众对中国文化的需求。所以，在文化中心的设计中，就以人作为出发点和落脚点。其次，文化中心要常态化运作。文化中心在当地全天候服务。第三，文化中心由政府支持，具有权威性。要把我国高质量、经得起检验、正宗的东西拿出去。最后，文化中心门槛低，充分体现了亲民的特点。当地民众可自由造访。

市场化的文化交流

文化交流并不局限在"文化"领域当中。依据老百姓的需求，文化贸易也正积极发展。文化贸易更多的体现"市场"，不通过官方的组织安排，而是通过官方政策的一种引导和鼓励，最后以企业为主体、市场化为运作的方式，更多的走出国门，或者引进到中国来这种交流方式。

2004年，文化部在外联局下成立了专门的推动文化贸易的处室，同时，也出台了许多相关政策。于芃表示，通过调查，一个企业在研发阶段最需要支持的就是人才。第二个阶段便是试验成品的输出。第三个环节就是真正要走出去的时候，进入到贸易渠道阶段。

例如，一个演出团被外方演出商看好，受邀到国外演出，但是在运作上可能会遇到资金上的困难，需要扶持。另外，政府的支持也都不是资金上的，信息服务的比重也很大。提供一些基础性的服务信息，方便企业运作，减少其实施成本。

同时，疏通渠道也是推动文化贸易的一项重要内容。从2011年开始，文化部开始举办中国文化产品走向世界的国际营销年会。在年会上，搭建一个平台，提供接洽的机会和经验交流。

还有一种推动文化贸易的方式就是建立基地。上海和北京已经各建了一个基地。于芃解释：基地的概念主要是"境内关外"，建一个保税区，让文化企业发展需要引进国外的一些技术、经验和产品先不进关，因为进关以后成本就高了。但是，在境内这个地方保税，就能够不用花费那么多成本跑到国外去，或者非得把关税都得付了，才能享受到这种东西能够带来的便利。

同时，于芃也认为，政府在推动文化企业走向世界的问题上不能大包大揽，因为企业有自己的规律，商业上的规律，但是，在关键的环节，有步骤地对不同业态然后面对有针对性的这个领域来推动，是一个好的方法。

数字化的交流

2001年，文化部外联局建成了"文化传统网"，其主要目的是为国内外信息的沟通，以及为国外了解我国提供便利。在于芃看来，这也是贯彻科学发展观里边以人为本，以人作为传递，以人的便利而设计的。

于芃形象地解释，有了文化中心，外国当地民众可以不来中国，就可以直接面对面接触中国文化的一个部分，而有了"文化传统网"就连家门都不用出，就能够了解很多中国文化方面的东西。

所以"文化传统网"的英文网在2005年获得了联合国世界信息发布会奖项。如今，随着移动通信、终端、云技术这些新技术的发展和诞生，这个网站也在发展中。该网站实际上是把文化、广电、新闻出版等等还有体育、民族等等新的消息和对外交往的消息发布在网站上，提供全面的信息。网站上面，既有动态的消息也有深度的分析。这样就使得国内国外和各个部门之间有一个非常方便的信息沟通的渠道。

最后，这个网站要变成一个对外文化工作的远程课堂，信息分享平台，工作资源超市，资源的数据库。同时，数字化使得文化交流变成全天候、全方位的交流和合作。

于芃认为，文化交流不是光走出国门，文化交流最重要的意义、最高的境界是走进对方的心里。只要从这个目标出发，那么，不论是在国内还是国外、规模是大还是小、花多少都不重要。正如习近平副主席提到的那样，中国文化"走出去"，不在于每次都轰轰烈烈、热热闹闹，关键是持之以恒、打动人心、拉进情感和促进友谊。

当前，中国正处于新的发展阶段。中国的发展，有利于世界各国共同应对挑战、共同推进人类和平与发展的崇高事业，事关各国人民的根本利益，也是各国人民的共同心愿。毫无疑问，中国的和平发展将给世界带来新的发展机遇。但是，一个拥有13亿多人口大国的快速发展必将牵动一些人敏感的神经，也难免引起少数国家的疑虑。问题是，我们怎样才能令人信服地向世人说明，我们走的是一条和平发展的道路？我们怎样正确树立中国的国际形象？要解决这一难题，除了向外界准确、全面地传达我们的发展宗旨外，对外文化交流与传播是一个非常重要的渠道。

文化是一个民族的灵魂与面孔。随着中国综合国力的增强和国际地位的提高，中国在国际舞台上越来越令人瞩目，外界了解中国的愿望也日益强烈和迫切。在这个阶段，如果我们不注重自身形象的正面表达，不及时加强自身文化的正面传播，那么，被别有用心地歪曲、缺乏常识地"妖魔化"就难以避免。

西方国家在国家形象塑造和核心价值观的传播上是很有经验的。这方面，有着强大文化产业和传播体系的美国更是遥遥领先。美国对其核心价值观的传播不遗余力，渗透到其文化交流的方方面面。比如，美国好莱坞的经典电影除了具有精彩的故事情节和精良的制作外，都十分注重美国文化价值观的体现和表达，淋漓尽致地表现了美国式的英雄主义和伦理道德。受西方国家影响和启发，作为我们的东方邻国，韩国对于国家形象的塑造和传播也是高度重视。这个在上世纪末即提出"文化立国"战略的国家，高度重视文化软实力的打造，"韩流"滚滚，席卷亚洲，在国际上成功塑造了乐观平和、坚韧不拔、讲求伦理道德的国家形象，并在文化产品的大举输出中，获得经济的振兴，取得"名利双收"的成绩，其成功经验很值得我们研究。

　　成功的文化传播，能够在国际上塑造一个具有无穷魅力的中国，不仅赢得别人的尊重，更能赢得别人的喜爱和由衷的欢迎。在21世纪的今天，中国与世界的交流出现了前所未有的高潮，事实上，世人对中国文化的兴趣从来没有像今天这样浓烈。据不完全统计，目前世界上其他国家正在学中文的人数已经突破了4000万，有100多个国家的2500余所院校开设了汉语课程，为中华文化进一步在世界上传播提供了很好的条件。春节文化是中国文化中最具特色的内容之一，它的一头连接着中华五千年的悠久文明，一头延伸到当下中国的文化空间。2010年初，中国农历春节到来之际，在丹麦、巴西、泰国等国同时举行了"欢乐春节"活动，是海外"中国文化热"的具体体现。我们要乘势而上，以更为精心的策划、更具有实效的形式，全面推进中国文化的对外交流，立体呈现中国文化的魅力。

观点链接

　　光明网：孔子学院以其灵活多样的形式，以其独特的参与性、互动性和广泛性，大力推介中华文化，搭建起了中西方文化交流合作的广阔平台，逐步树立起孔子学院的品牌形象，成为世界文化交流的"中国样本"。孔子学院凝聚着中外双方的深切期望，有赖于世界人民的共同培育。相信在中外各界人士的精诚合作、共同努力下，孔子学院将会实现可持续发展，让"孔子"深入世界各地，走向世界的每一个角落，为人类社会的繁荣发展和文明进步作出更大贡献！

　　东方网：韩国企业联合馆对本次上海世博的组织方深表感激之情。世博前期，韩国企业联合馆由于各方面的原因，在筹备建设工作上，相比其他展馆晚了将近1年的时间。但经过大家的辛勤工作以及组织方在工作上的通力配合，让我们的世博筹备工作得以顺利进行，使展馆能够如期成功营运。在展馆的运营期间，组织委员会更是对于我馆关于世博的各项建议及要求悉心听取，并不吝赐教，自始至终积极配合我们的工作及活动。正是因为他们对于工作的认真负责，让本届世博会成为了史上最成功的世博会之一，而我们对世博组织者在这期间的帮助与指导也不胜感激。

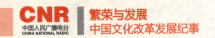

权威发布

侯湘华，文化部外联局局长

侯湘华：在海外设立中国文化中心有着深刻的国际背景和现实需求。是对外文化工作实现科学发展的方向，是提高国家文化地位、扩大其影响力和软实力、加深相互文明对话和认同的传统而有效的做法。党和国家领导人高度重视文化中心的建设，多次考察文化中心或见证其奠基仪式、文件签署等，并对此项工作做出了明确指示。

许琳，孔子学院总干事

许琳：老师是活的中国标本，是活的民间大使。咱们中华文化的这种宽恕啊、忍耐啊、修身啊、爱国啊，在出国之后更加彰显得光彩夺目。

第十八章

以人民为中心

【案例1】

"三贴近"催生好作品　《天地之间》在陕落地有声

　　一场惊心动魄的家园保卫战，一副震撼灵魂的当代世相图。陕西省作家钟平的长篇小说《天地之间》全国发行以来，首先在陕西省内落地有声，反响强烈。

　　11月12日下午，汉唐书城举办《天地之间》签名售书活动，读者排起长队，现场一片火热。据书城介绍，该书在汉唐销售数百册，作为上架不久的纯文学新书，此类情况不多见。据悉，《天地之间》在世园会9月25日的首发式引起媒体高度关注，数十家纸质与网络媒体纷纷报道和转载。为了宣传环保，推介新书，作家钟平先后在府谷、榆林、铜川等地举行签名售书活动，所到之处反响热烈。

　　《榆林日报》报道称："该小说以明显的纪实风格，以非虚构而又不无虚构的艺术想象力，巧妙地通过人物关系之间的情感冲突，以细腻而扎实的文学语境，表现了引人注目的陕晋蒙接壤地带由'黑三角'蜕变为回归蓝天绿地的重大事件。"府谷环保局赵瑞女士认为，"写的就是身边的人和事，大家都有似曾相识的影子，成功塑造了基层环保人的鲜活形象，读着倍感亲切，读后意味深长，感受尤甚"。铜川市餐厅女老板张芳芳无意中看到该书，她对作品中的人物信口拈来，作品中的煤老板艾高原的形象，令她叹为观止，敬慕有加。府谷县报记者郝先锋采访作者读了小说，感慨不已，"身为关中人的钟平老师，以文学形式、浓郁的陕北文化语境，真实而生动地表现了府谷县治理污染与企业帮扶两大事件，透过真实而感人情节细节，用府谷方言等地方文化元素，把陕北尤其是府谷这方山水，人与自然、人与家园的永恒话题写活了、写神了，真实可信，感人至深，毫无为政府政绩歌功颂德之嫌，追求'天人合一'的精神境界。这正是作家'走基层'体验生活、'三贴近'关注民生的难能可贵之处，也是基层媒体人值得学习的"。榆林市退休干部黄榆生面对榆林报记者滔滔不绝："在当今不无浮躁的社会环境里，普通老百姓对正面的、积极向上、弘扬主旋律、贴近实际、贴近生活、贴近群众的文学艺术作品，特别喜闻乐见，《天地之间》令人感受到一股积极向上的感召力。这与党的十七届六中全会精神十分吻合，也代表了社会文明进步、文化事业发展的一大方向。"著名作家和谷更称："以小说形式呈现了作家钟平在环保领域的人文思考，是有关自然思想与生活写作的一大成果。"另据悉，省内外多家影视公司对小说改编电视剧，表现出浓厚的兴趣。

据了解，作家钟平自上世纪九十年代末关注陕晋蒙'黑三角'的环境问题。为了完成该小说创作，2007年开始十余次深入府谷县，深入采访当地的企业家煤老板、环保仁人志士、党政官员等，做了大量翔实而深透的生活积累。实际、生活、群众始终是优秀作品的活力与魅力所依、价值和意义所在。"三贴近"催生优秀作品，《天地之间》落地有声，事出必然。

【案例2】

鄂尔多斯公共文化服务体系惠及全民

近年来，鄂尔多斯市坚持政府主导，加大投入，强化管理，注重利用，不断加强公共文化服务体系建设，一个覆盖城乡、惠及全民的公共文化服务体系初步形成。

市直新建了市文化艺术中心、图书馆、大剧院、博物馆等总面积达17万平方米的现代化大型公共文化活动场所。各旗区加大公共文化基础设施投入力度，建成了一批高标准、高质量的文化站、文化中心、文化室。新建扩建了图书馆、博物馆、文化馆、影剧院等一大批文化设施。全市公共文化活动场馆总面积达60多万平方米，人均0.4平方米，其中全市公共图书馆总面积4.8万平方米，总藏书量达到120多万册，全市公共图书馆全部进入国家等级图书馆行列；全市建有各类博物馆、纪念馆

14个，鄂尔多斯青铜器博物馆被评为国家二级馆；全市9个文化馆（群艺馆）中，市群艺馆晋升为地（市）级一级馆，有2个旗区晋升为县级一级馆，有4个旗区晋升为县级三级馆。

"十一五"期间，鄂尔多斯市群众文化活动丰富多彩。全市广场文化、社区文化、企业文化、军营文化、少儿文化等群众文化活动主题突出，好戏连台，极大地丰富了广大人民群众的节日文化生活。群众文艺创作成果丰硕，共创作整台晚会50台、文艺作品2100多件，有2个作品获国家"群星"奖，5个作品获国家级奖项，10个作品获自治区级奖项，50个作品获市级奖项。

"十一五"以来，全市文化艺术工作坚持"三贴近"的原则，艺术创作成果丰硕，全市专业文艺团体新创重点晚会27台，新排晚会40台，创作音乐、舞蹈、曲艺作品500多件。一批舞台艺术作品在区（省）级以上重大文化艺术门类比赛、评奖活动中获奖，共获国家级集体大奖4项，获国家级单项奖26项，获自治区级集体大奖24项，获自治区级单项奖124项。专业艺术团队建设成效显著，乌审旗乌兰牧骑被中宣部、文化部、国家广电总局、新闻出版总署评为"全国服务基层文化建设先进集体"，达拉特旗和杭锦旗乌兰牧骑荣获"全区服务基层服务农牧民先进集体"，伊金霍洛旗、鄂托克旗、杭锦旗、鄂托克前旗乌兰牧骑获全区"十佳乌兰牧骑"荣誉称号，全市乌兰牧骑全部进入一类乌兰牧骑先进行列，整体水平和综合实力继续保持了在全区的领先地位；基层服务演出进一步活跃，全市两级艺术团体积极开展文化下乡活动，每年为基层演出均在1000场以上。

"十二五"时期，随着鄂尔多斯"科学发展、富民强市"发展战略的实施，鄂尔多斯公共文化服务体系建设要坚持以政府为主导，以公共财政为支撑，以农村牧区基层文化建设为重点，完善服务网络，推进文化惠民工程，加快构建覆盖城乡、惠及全民的公共文化服务体系，建设与城乡人民群众小康生活水平相匹配，与现代城乡建设和功能相一致，与文化资源有效保护和开发利用相结合，形成具有鲜明的个性、丰富的内涵，融鄂尔多斯传统优秀文化、民族地域特色和现代文明于一体的市、旗区、苏木乡镇、嘎查村四级公共文化服务网络。

"十二五"时期，全市图书馆、群众艺术馆、文化馆达到部颁三级以上标准；苏木乡镇（街道）建有单独设置的800平方米以上的综合文化站；行政嘎查村（社区）建筑面积不低于200平方米的文化室（中心）；实现城镇"十分钟文化圈"、农村"两公里文化圈"和牧区"十公里文化圈"；公共文化活动场所建筑面积人均占有量达到0.5平方米；全市馆藏图书人均占有量达到2册。

"十二五"时期，鄂尔多斯市积极开展丰富多彩的群众文化活动，组织好城镇社区文化、广场文化、企业文化、校园文化、老年文化、少儿文化、家庭文化等各类社会文化活动。切实抓好送文化下乡和进社区活动，活跃城乡群众文化生活，不断加强基层公共文化服务体系建设。全力组织实施好"文化惠民"工程，为老百姓提供优质的公共文化服务和公共文化产品，真正让文化建设惠及全民，使广大人民群众的基本文化权益得到更好的保障，让公共文化服务体系建设对于增强全民文化素质、改善民生、提升鄂尔多斯文化软实力发挥巨大的作用，让全市人民共享文化发展的丰硕成果。

深入采访

电视剧《老爸的筒子楼》通过讲述上世纪70年代到90年代期间，雷二亮一家的故事，描绘了在时代的变迁中，普通百姓的多彩人生。

我觉得这部电视剧，就是让我们感受到，生活中还有很多很朴素，但是很善良的东西，很正面，很积极，不因为它是七八十年代而褪色，所以我跟我母亲都很喜欢看。

《筒子楼》播出后，不仅勾起了50后、60后的共鸣，也吸引了许多80后的追捧与好评。编剧刘增新说，当年住过筒子楼的切身体会，给了他创作的灵感，也贴近了普通观众的心灵。

如果说没有改革开放这30年的经历，没有这个过程，如果大家还住在筒子楼，那现在绝对不会写出一部《老爸的筒子楼》。就是因为有了这种巨大的变化，所以回头看的时候，才看到筒子楼那个时代的一些东西。

今天，像《筒子楼》这样充满时代气息，引发观众共鸣的现实题材的电视剧，已经成为荧屏上的主流。

作为我国电视剧主管部门，国家广播电影电视总局相继出台了《电视剧管理规定》《电视剧内容管理规定》等一系列部门规章。清华大学影视传播研究中心主任尹鸿说，这些年，大的政策环境引导文艺工作者将创作的目光更多地投向反映改革开放和现代化建设的实践中。

这些政策当然一方面体现在一些政策文件、规定上面，另一方面通过一些奖项的设置，来引导创作，向贴近现实、贴近生活、贴近人民的这样的一个方向进行转换。同时在一些创作政策上做了相应的调整。一个是行业准入，大量的社会资源进入这个行业，另一方面产品准入开放式多样式产品出现，带来了整个中国的文学艺术创作的一个数量上的大繁荣的一个局面。

2011 年，我国内地电视剧总产量达到 17000 集左右；全国共生产各类电影 791 部，全年电影总票房收入 131.15 亿元；全国自主完成了 435 部国产动画片，年产值约 600 亿元。目前，我国已经成为世界第三大电影生产国，第一大电视剧生产国，年出书品种、总量稳居世界第一位。

如果将近年来的文化成果比作一串项链，那么，在这串项链上，一颗颗璀璨的珍珠竞相散发文化的异彩。

在很多人的成长记忆里，动画形象大都和米老鼠、唐老鸭或者奥特曼有关，而对于如今的孩子们来说，如果不知道国产的喜洋洋和灰太狼，恐怕是一件可能性极小的事情。

2012 年，"狼吃不到羊"的故事在继续发酵。《喜羊羊与灰太狼》第四部电影"开心闯龙年"以 1.6 亿元的票房收入横扫动漫市场。一只狼想吃羊的简单童话故事，已经在过去几年创造出高达 60 亿规模的零售市场和连续 4 部超过亿元票房的电影。

有"喜羊羊之父"之称的导演黄伟明认为，喜羊羊之所以能取得成功，在于时刻把小朋友放在心上。

黄伟明："当初叫'懒羊羊与灰太狼'，后来我觉得好像家长也不会叫你去看'懒羊羊与灰太狼'，他们觉得你看'喜羊羊与灰太狼'好。一般家长会鼓励小朋友往正面的方向去做。后来就把题目改成'喜羊羊与灰太狼'。"

著名编剧刘增新说，文化体制改革以来，政府由"管文化"转变为"办文化"，更多的文艺工作者则自觉地由"以自己为中心"转变为"以人民为中心"。

刘增新："可以这样说，我的整体感觉是，这种创作的大环境，是越来越宽松了。但是有一点，政府主管部门强调文艺作品的正确导向和社会效益，这一点并没有改变，而且在加强。同时，政府相关主管部门也越来越注重作品的艺术形式。简单来说，就是两句话：政治上，主旋律；艺术上，好看。"

十年磨砺，带给群众的，是应接不暇、品种多样、艺术精湛的优秀文艺作品。十年改革，越来越多的文艺工作者，正在逐渐走出自己的象牙之塔，主动向群众学习，向生活学习，为时代讴歌，为人民创作。文艺工作者与群众同呼吸、社会效益与经济效益双丰收、文化事业与文化产业共赢的大好局面正在形成。

文化工作的出发点和落脚点都在人。坚持以人为本，实现和维护最广大人民根本利益，是广播影视工作的根本宗旨。如何通过改革发展，提高广播影视产品和服务的供给能力，满足人民日益增长的精神文化需求，是摆在广播影视面前的紧迫任务。必须牢固树立人民至上观念，始终牢记人民利益高于一切，自觉贯彻党的群众路线，真正做到发展为了人民，发展依靠人民，发展成果由人民共享。

一是充分尊重和表现人民群众主体地位。人民群众是文化产品的创造者和享有者，文化精品来源于人民群众，服务于人民群众，最终应该由人民群众来评判。要深入贯彻"三贴近"原则，建立深入基层、深入群众的常态化机制，把更多的镜头话筒对准人民群众，把群众观点、群众路线体现在新闻宣传实践中，有效回应社会关切、更好服务百姓生活。要强化以人民为中心的创作导向，从火热的现实生活中激发灵感、选取素材、提炼主题，以充沛的激情、生动的语言和多彩的画面深刻反映时代的进步、人民的创造，大力唱响"劳动者之歌"。

二是切实保障和实现人民群众基本文化权益。《决定》强调，加强公共文化服务是实现人民基本文化权益的主要途径，并且提出到2020年，基本建立覆盖全社会的公共文化服务体系，基本公共文化服务实现均等化。构建公共服务体系，是社会主义制度的必然要求，也是社会主义制度优势的重要体现。近年来，广播影视把解决农村群众听广播看电视看电影难的问题，作为保障和实现人民群众基本文化权益的重中之重，统筹无线、有线、卫星多种技术手段，大力实施村村通工程、西新工程、农村电影放映工程等重点惠民工程，努力构建农村公共服务体系，已基本实现全国所有行政村和20户以上自然村村村通，基本实现全国所有行政村一村一月放映一场公益电影的目标。今后一个时期，还将继续深入实施好这几大工程，同时抓紧推动直播卫星公共服务工程、县级城市数字影院建设工程和应急广播体系建设工程，扩大公共服务覆盖范围，提高公共服务水平。

三是努力满足人民群众丰富多样的精神文化需求。《决定》指出，增加文化消费总量，提高文化消费水平，是文化产业发展的内生动力。这一重要判断，准确把握了我国文化发展的客观规律，是促进广播影视发展、满足人民群众精神文化需求的有效途径。随着人民生活水平的提高，我国文化需求快速增长，呈现出高品位、高质量和个性化、多样化的特征。目前，我国人均国内生产总值超过4000美元，城乡恩格尔系数降到0.4以下。国际经验表明，这个阶段是文化消费的快速增长期、加速升级期。广播影视必须抓住这一难得的历史机遇，重点发展电影电视剧影视动画纪录片等内容产业，发展有线电视网络产业，发展基于数字技术、网络技术的广播影视新兴产业，努力在满足人民需求中实现新的跨越。

观点链接

《今传媒》：2011年10月25日广电总局"限娱令"正式下发。国家广电总局颁布的《广电总局将加强电视上星综合节目管理》的文件，提出从明年一月一日起，三十四个电视上星综合频道要提高新闻类节目播出量，同时对部分类型节目播出实施调控，以防止过度娱乐化和低俗倾向，满足广大观众多样化多层次高品位的收视需求。

权威发布

李长春，中共中央政治局常委

李长春： 要坚持社会主义先进文化前进方向，牢固树立以人民为中心的创作导向，切实加强对文化产品创作生产的引导，努力推出更多思想性艺术性观赏性相统一，经得起历史和人民检验的精品力作。

蔡赴朝，中共中央宣传部副部长，国家广播电影电视总局党组书记、局长

蔡赴朝： 作为大众传媒，广播电视必须坚持"二为"方向、"双百"方针，为全体人民服务，为全体人民多层次、多样化的精神文化需求服务。广大人民群众要听到党和政府的声音，了解国家和世界大事，了解政治、经济、文化、教育、体育、科技、生活等各个方面的信息；广大少年儿童还需要少儿节目，广大农民朋友还需要对农节目，等等，因此广播电视节目要百花齐放，满足广大人民群众丰富多彩的精神文化需求。

尹鸿，清华大学新闻与传播学院常务副院长、影视传播研究中心主任

尹鸿： 这些政策当然一方面体现在一些政策文件、规定上面，另一方面通过一些奖项的设置，来引导创作，向贴近现实、贴近生活、贴近人民的这样的一个方向进行转换。同时在一些创作政策上做了相应的调整。一个是行业准入，大量的社会资源进入这个行业，另一方面产品准入开放式多样式产品出现，带来了整个中国的文学艺术创作的一个数量上的大繁荣的一个局面。

杨生平，首都师范大学出版社总编辑、哲学系教授、博士生导师

杨生平： 文化理论大众化是"三贴近"的一种重要方法，但并不是唯一的方法；

文化理论更应该以自身特有的形式去反映现实的存在本质，揭示人民群众经济生活、政治生活与精神生活等方面的需求，并最终以通俗的形式将这些需求以理论形态有机地结合起来。

第十九章

文化繁荣　人才为先

【案例1】

"四个一批"　人才培养工程

　　党中央高度重视宣传文化系统专门人才队伍建设。江泽民同志在 1995 年全国宣传部长会议上提出："努力培养一批全面掌握建设中国特色社会主义理论、学贯中西、联系实际的理论家，一批坚持正确方向、深入反映生活、受到群众喜爱的名记者、名编辑、名主持人，一批熟悉方针政策、社会责任感强、精通业务知识的出版家，一批紧跟时代步伐、热爱祖国和人民、艺术水平精湛的作家、艺术家。"十六大以来，以胡锦涛同志为总书记的党中央高度重视人才工作，专门召开全国人才工作会议，颁布了《中共中央、国务院关于进一步加强人才工作的决定》，对进一步加强人才工作做出部署。胡锦涛同志指出："实施人才强国战略，就是要努力造就数以亿计的高素质劳动者、数以千万计的专门人才和一大批拔尖创新人才，建设规模宏大、结构合理、素质较高的人才队伍，充分发挥各类人才的积极性、主动性和创造性，开创人才辈出、人尽其才的新局面，大力提高国家核心竞争力和综合国力，为全面建设小康社会和实现中华民族的伟大复兴提供重要保证。"在宣传文化系统努力培养一大批能够担当历史重任的优秀理论人才、新闻人才、出版人才、文艺人才，充分发挥各类专门人才在宣传文化工作和精神文明建设中的带头作用，从而带动更多的人成为先进思想的传播者、"四有"公民的培育者和优秀精神产品的生产者，不仅关系宣传文化工作的整体水平，也关系宣传文化事业发展的全局。

按照中央关于人才工作的整体部署和对宣传文化系统人才培养的要求，中央宣传部于2003年提出在全国宣传文化系统实施"四个一批"人才培养工程，在社科理论、新闻、出版、文学艺术等界别培养一大批高层次的专业人才，2005年中央宣传部又对选拔培养文化产业经营管理人才进行了部署。

工作目标：从2003年起，用5年至10年时间，在中央和省级宣传文化单位以及中央国家机关有关部门推荐的专门人才中，培养1000名理论、新闻、出版、文学艺术优秀人才（其中，理论界200名，新闻界300名，出版界100名，文学艺术界400名），同时还要培养一大批懂经营善管理的高层次复合型人才，使他们成为宣传文化系统各个方面的领军人物和学术带头人。

"四个一批"人才培养工程实施以来，根据中央部署和要求，宣传文化系统会同有关方面做了大量工作，取得了重要进展和明显成效。一是严格标准、完善程序、拓宽渠道，人才选拔工作有序推进。先后从宣传文化工作一线选拔了三批共287名理论、新闻、出版、文艺领域优秀专业人才及156名经营管理和专门技术人才，目前正在组织第四批理论、新闻、出版、文艺界人才评审工作。入选的都是在业内有较高知名度、较大影响力、较好发展潜力的优秀人才，是本领域的中青年代表人物。二是创新手段、丰富内容、注重实效，人才培养机制不断完善。坚持以能力建设为重点，创新体制机制和方式方法，加强系统培训和实践锻炼。先后举办5期培训班，安排部分优秀人才到有关部门和基层单位挂职锻炼，组织8批140多人在国内考察采风，组织13批110多人赴国外专题考察和学习培训。三是营造环境、改善服务、加强协调，人才成长条件不断优化。设立专项资金，为"四个一批"人才承担重大课题、出版专著、召开研讨会、举办展览等提供资助；组织推介优秀成果和作品，为"四个一批"人才申报国务院特殊津贴，对作出突出贡献的优秀人才予以表彰，组织出版"四个一批"人才作品文库；加强与"四个一批"人才的沟通联系，听取意见建议，了解要求愿望，努力办实事、解难事。四是围绕大局、立足岗位、服务人民，人才作用进一步发挥。五年多来，"四个一批"人才牢记责任和使命，积极投身马克思主义理论研究和建设工程、国家重大文艺演出、文艺出版精品工程和重大采访活动，取得了丰硕成果，发挥了骨干作用。特别是在抗击低温雨雪冰冻灾害、抗震救灾斗争、拉萨"3·14"事件、乌鲁木齐"7·5"事件和北京奥运会、庆祝新中国成立60周年等重大宣传战役中，"四个一批"人才和广大宣传文化工作者一道，经受了考验，在关键时刻发挥了关键作用。在"四个一批"人才培养工程带动下，各省区市党委宣传部和中央宣传文化部门结合实际，认真实施人才培养计划，采取有力措施，加强选拔培养，鼓励人才干事业、支持人才干成事业、帮助人才干好事业的环境进一步形成，"四个一批"人才培养工程已经成为宣传文化系统人才培养的龙头工程、示范工程。

【案例2】

呼唤文化名家

推动文化大发展大繁荣，队伍是关键，人才是关键。培养造就一批造诣高深、成就突出、影响广泛的宣传思想文化领域杰出人才，是提升宣传思想文化人才核心竞争力，提升国家文化软实力的关键环节。

文化是社会的晴雨表，体现的是一个民族的感情气象。

名家是历史的群芳谱，体现的是一个时代的灿烂文化。

在文化越来越成为民族凝聚力和创造力的重要源泉、越来越成为综合国力竞争的重要因素、越来越成为经济社会发展的重要支撑的大背景下，在文化大发展大繁荣的关键时刻，如何延续中华民族的文化薪火，如何建设生气蓬勃、群星闪耀的文化人才队伍，如何培养造就一批德才兼备、锐意创新、造诣高深、成就突出、具有时代影响力和读者感召力的文化名家、大师和各种区域、各种风格、各种年龄段的领军人物，成为摆在我们面前的一道重要课题。

记得一位著名的政治家诗人曾经说过："好作品的出现需要长期积累，偶然得之。而文化名家的出现，则更需要长期的积累——除了生活的积累，知识的积累，经验的积累等等之外，也需要一定数量的优秀作品的积累和沉淀。"

有了积累，也就有了创造的底蕴，有了成功的底气，但还需要一定的灵感和机遇，然后才能"偶然得之"。

灵感是什么？灵感其实就是诗人经过艰苦学习和长期实践之后，不断积累的生活经验、创作经验突然出现的创造性的思想火花。它是突然而来、倏然而去的，具有随机性、偶然性。我们不能按照主观愿望制造灵感，更不能按照长官意志去分配灵感，但我们可以为灵感的产生准备条件，创造机遇。所以，灵感的产生，文化名作乃至名家的产生，又离不开一定的环境因素的影响。

谁也不是占卜师，谁也无法预言好作品和大名家将会在什么时候、什么地方产生，但是我们可以为文化名家的产生创造良好的环境，为文化工作者提供一个健康发展、公平竞赛的创造平台。艺术的创作生产需要把握质量、抓好导向，需要整枝剪叶、浇水施肥，需要阳光照耀、雨露滋润，而我们的各级文化机构和组织，更应该在这方面有所作为，有所贡献，尤其是履行好联络、协调、服务、指导、举荐、推广的光荣职责，切实把各类优秀文化人才作为重点和引擎力量加以培养、爱护和使用，以此来带动整个文化人才队伍和文化人才工作奋力前行。同时，我们的文化从业人员也要高标准地严格要求自己，要有写出好作品、完成大课题、成为文化名家的雄心壮志。要不断学习，开阔视野，要积累经验、提高素质，要加强修养，德艺双馨，争取为人民放歌，为时代立言。

在人才队伍的建设中，文化领军人才具有特殊的感召地位和标志意义。一个杰出的文化人物，往往能够推动一个重大的艺术飞跃，乃至改变一个地区、一个时代的文化生态。回溯我国文化发展的历史长河，正因有了屈原、宋玉……才有了楚辞的多姿多彩，正因有了曹操、曹植、曹丕……才有了建安风骨的千古流芳，正因为有了李白、杜甫、白居易……才有了唐诗的恢宏气象，正因为有了苏轼、辛弃疾、柳永、李清照……才有了宋词的光彩夺目。在新的时代，传承中华文明、创造先进文化，培养高度的文化自觉和文化自信，提高全民族文明素质，增强国家文化软实力，努力建设社会主义文化强国的重任，历史性地落在了我们当代炎黄子孙的双肩上。

期待名家工程，呼唤文化名家。美好的三月，正是春风骀荡的好时候。百草初萌，生机勃发，莺歌蝶舞斗芳菲，万紫千红总是春。朋友们，让我们一起来拥抱这个朝气蓬勃的文化春天吧。

深入采访

4月28号，英国伦敦莎士比亚环球剧场，三层开放式的圆形剧场内，钟鼓齐鸣，京腔京韵，身着广袖儒衫、脚踏云履的剧中人物，仿佛要带领台下的英国观众穿越到古代的中国。

这是"2012伦敦文化奥林匹亚"全球戏剧汇演中，由中国国家话剧院带来的莎翁剧目《理查三世》。作为在英国主流剧场的处女秀，演出所呈现的"中国风"艳惊四座。

在这支出国巡演的"国家队"中，有老将，也有新兵。剧中扮演理查哥哥的演员王力夫就是一名中国戏曲学院的应届毕业生。能登上这个星光闪耀的舞台，他十分激动。

王力夫：我站在航母上啊，我的导演是这个圈子里的 NO1，一个组的演员都是这个领域的 NO1。我跟他们合作，我的成长那是不可同日而语的。

王力夫是幸运的。国家话剧院的人才培养模式是支撑他这份幸运的阶梯。为了发现、吸纳优秀的年轻艺术人才，国家话剧院打破原有用人机制，在编制体系外，设签约制度，并建立人才培训基地。王力夫就是人才培训基地第八期班长，天份加努力让他有幸留在了艺术人力资源配置中心，赢得这次赴英国巡演的机遇。

幸运的不只王力夫一人，很多热爱艺术的青年人，通过人才基地培养，进入了文化艺术的最高殿堂。而在过去的用人机制下，这是不可想象的。

中国国家话剧院副院长、《理查三世》导演王晓鹰认为，培养文化艺术人才，首先要给人才施展的舞台。

王晓鹰：人才的成长不是一朝一夕的事情，需要一个环境，提供双向选择，有很好的机会，能有更多机会去面对观众在舞台上摔打。

北京大学中文系教授张颐武提出，文化人才的培养不是孤立的，偶然的，而需要从评价发现、选拔任用到流动配置、推广营销等全流程系统开发。

党的十七届六中全会审议通过的《中共中央关于深化文化体制改革、推动社会主义文化大发展大繁荣若干重大问题的决定》，要求加快培养造就德才兼备、锐意创新、结构合理、规模宏大的文化人才队伍，为社会主义文化大发展大繁荣提供有力人才支撑。中央这一决策，对全面建设小康社会、推进社会主义现代化建设、实现中华民族伟大复兴，具有重大而深远的意义。

复兴大业，人才为本；文化繁荣，人才为先。推动实现社会主义文化大发展大繁荣，队伍是基础，人才是关键。

十七大以来，文化部党组高度重视文化人才队伍建设，坚决贯彻执行党和国家的各项人才工作方针政策和中央提出的人才资源是第一资源的战略思想，紧密联系文化工作实际，不断深入推进干部人事制度改革，培养造就了一支德才兼备、锐意创新、结构合理、规模宏大的文化人才队伍，为社会主义文化大发展大繁荣提供了有力的人才支持和组织保障。

建设宏大文化人才队伍，首先在于建立健全有利于优秀人才脱颖而出的体制机制。十七大以来，文化部根据文化人才特点，推进以文化党政人才队伍、文化经营管理人才队伍、文化艺术专业技术人才队伍、公共文化服务人才队伍、高技能文化人才队伍、文化科技人才队伍、文化外交人才队伍为主体的七支人才队伍建设。几年来，文化部采取不同的培养措施，以实践与培训相结合的方式，有效提升了各类人才队伍的素质水平。文化部还依托文化建设各重大工程、重点项目，搭建起人才成长集聚平台，为专业人才的脱颖而出提供了良好体制保障和成长氛围。

建设宏大文化人才队伍，需要造就高层次领军人物和高素质文化人才队伍。十七大以来，文化部以领军人物和拔尖人才为重点，把建设一支学风严谨、业务精湛、品德优良、成就突出的高层次文化艺术专业人才队伍作为人才队伍建设的重要内容，加大高素质人才引进力度，规范优秀人才激励机制，实现专家联系的制度化、经常化。几年来，涌现出一批艺德高尚、水平精湛的创作表演名家，善于开拓新领域的拔尖创新人才，懂经营、善管理的复合型人才和适应文化走出去需要的国际化人才，有效推动了全国文化系统高层次、高技能、高水平的人才队伍建设。

建设宏大文化人才队伍，需要加强基层文化人才队伍建设。十七大以来，文化部组织开展了部省联合培训工作，加大全国文化系统尤其是西部民族地区文化人才的培训力度。几年来，文化部先后实施了全国乡镇综合文化站长培训等工程，举办了新疆西藏文化经营管理干部培训班、重庆文化管理干部培训班、西藏文化管理干部民族团结培训班等，改善了基层文化工作者的精神面貌，推动和加强了基层文化干部队伍建设。

建设宏大文化人才队伍，还在于文化主管部门自身素质过硬。十七大以来，文化部加大干部选拔任用和交流轮岗力度，建立健全了领导干部考核评价机制，进一步优化了文化部系统领导班子结构，完善了干部管理监督有关制度。近年来，根据中央有关要求，文化部出台了10多项干部管理的规章制度，通过考录、调任、公开遴选和接收军转干部等方式，优化了部机关公务员队伍的年龄、学历、经历和来源结构。一批优秀文化管理人才到新疆、西藏和青海等艰苦地区挂职锻炼；百余名干部派往驻外文化处（组、中心），为文化外交队伍输入了新鲜血液。

事业发展的关键在人才。当今时代，是一个需要也能够产生传世之作和名家大师的时代。在十七大以来所取得的丰硕成果和良好基础上，只要顺应时代发展要求，以高度的责任感和使命感投身文化改革发展工作，始终秉持"一切为了人民"的信念，大师的辈出和大作的涌现，必将水到渠成。

十七届六中全会公报指出，推动社会主义文化大发展大繁荣，队伍是基础，人才是关键。要深入实施人才强国战略，牢固树立人才是第一资源的思想，加快培养德才兼备、锐意创新、结构合理、规模宏大的文化人才队伍。要造就高层次领军人物和高素质文化人才队伍，加强基层文化人才队伍建设，加强职业道德建设和作风建设。

文化是人们精神生活的体现，文化人才是精神创造的主体。建设文化强国，创作优秀文化作品，推进文化事业发展，促进全民族文化创新活力的持续蓬勃，离不开文化人才队伍的建设。

文化人才有着多样的方面与各异的性格，不存在一个判定文化人才的统一标准。尊重文化人才，要在专业上信任文化人才，充分肯定文化人才创造的智力成果，更应认识到人的丰富性，重视人的不同特质，鼓励人们的创新。

优秀的文化作品孕育于包容和宽容的环境中，为人才的涌现提供广阔开放的平台，允许个性的发扬与特质的彰显鼓励每一个个体的自由发展，成就每一个个体与社会要求相适应的创造，这是重大课题。

人往高处走，水往低处流。对人才来说，"高处"就是干事的环境，成才的土壤，事实证明，哪里的体制活、环境优，哪里就是吸引人才的"强大磁场"；哪里的环境好、土壤良，哪里就是干事成才的"沃土"，人才就能"落地生根"，大展拳脚。

在人类社会发展过程中，人才是社会文明进步的重要推动力量；对一个国家来说，人才往往代表社会中坚，人才在许多基础领域所具有的示范、引领作用十分明显。

人才的重要性首先是因为他们在知识领域所达到的水平，高端人才、稀缺人才、核心人才更是因为不可复制、无可替代而备受推崇，人类发展在知识的不断求取和超越中实现，人才不断涌现，高端人才、核心人才辈出，无疑显示着一个国家的知识创造水平。

人才还在社会其他领域具有重要影响，比如社会道德。才者，德之资也；德者，才之帅也。坚持德才兼备、以德为先用人标准，这是我党对于干部任免的一个重要标准，事实上，人才的品质、道德水平完全可以推及至更广的人才选拔范围。一个人知识水平不行，难称人才，一个人品行不良，知识水平再高，恐也难言人才，所谓"德才兼备、以德为先"，正是包含了人才在其他维度上的重要性、丰富性。

文化繁荣，人才为先。主动适应文化大发展大繁荣需要，需要努力营造良好环境，让各类文化人才竞相涌现，让他们的创造活力充分发挥。复兴大业，人才为本。时代潮流滚滚向前，国家的各项事业，城市的各项事业，无不需要开创人才工作新局面，使人才真正成为强国、强市之根本。

观点链接

《光明日报》："国以才立，业以才兴"。实施"四个一批"人才培养工程，是党中央作出的一项重大战略决策，是推动实施人才强国战略，提高建设社会主义先进文化能力的重要举措。贵州省启动实施"四个一批"人才工程以来，工作成效显著，已在理论、新闻、出版、文艺、经营管理、文化专门技术人才6个门类选拔培养了大批有影响力的拔尖人才，目前共有4人入选全国宣传文化系统"四个一批"人才，69人入选全省宣传文化系统"四个一批"人才。

《中国文化报》：推动文化大发展大繁荣，队伍是关键，人才是关键。培养造就一批造诣高深、成就突出、影响广泛的宣传思想文化领域杰出人才，是提升宣传思想文化人才核心竞争力，提升国家文化软实力的关键环节。文化是社会的晴雨表，体现的是一个民族的感情气象。名家是历史的群芳谱，体现的是一个时代的灿烂文化。

权威发布

刘云山，中共中央政治局委员、书记处书记、中宣部部长

刘云山：实施"四个一批"人才培养工程，就是要在全国宣传文化系统培养一批政治坚定、与党同心同德、具有广泛社会影响的一流的思想家理论家、一流的记者编辑主持人、一流的出版家、一流的作家艺术家，培养各门类的拔尖人才。可以说，这项工程是宣传文化领域的一项基础工程、战略工程，对进一步繁荣发展我国宣传文化事业，具有十分重要的意义。

文化部人事司副司长汪志刚介绍，目前文化名家工程已经正式启动，基层文化人才培训项目也在加快推进。

汪志刚：对以高层次专业人才为重点、统筹抓好各类人才队伍，我们有几个方面：一个是引进人才；一个是为文化人才打造施展才华的一个平台；一个是加强培训，全面提高人才的素质和能力，来推动文化人才队伍的建设。不断改进和完善文化人才工作的各项机制，就是为人才成长创造一个良好的环境。

张颐武，北京大学中文系教授

张颐武：一个是我们熟悉的艺术家，有代表性的创作人，另一方面我们特别需要文化的经理人、文化的策划人，就是善于把文化变为商品的人。通过他们有效的

营销，有效地促进，他们对市场精确的把握，很多艺术家的作品就能很迅速直接到达公众的手里。我们需要人才观更开阔，要给天才更多空间。

文化强国　早日梦圆

【案例】

将文化产业打造成支柱产业
——福建省文化厅厅长宋闽旺展望"十二五"文化发展

当今世界，文化作为一个极具发展潜力的朝阳产业，与经济、政治、科技间相互渗透、相互交融，在国家和地区综合实力竞争中的地位与作用越来越突出。"十二五"期间，福建将如何在现有基础上，进一步实现由文化大省向文化强省的转变，如何实现文化产业的跨越发展，从而成为支撑海西发展和推动产业转型的重要引擎？日前，就此问题，本报记者采访了福建省文化厅厅长宋闽旺。

"过去的这五年，是福建历史上文化发展最好、最快的五年。五年来，文化投入占财政支出的比重，与文化产业占整个 GDP 的比重都得到大大提升。"宋闽旺从三个侧面梳理回顾了"十一五"期间福建文化发展的成就：一是省委省政府对文化发展的高度重视、正确决策和有力举措，这一点可以从近年来出台的关于文化的一系列具体政策反映出来；二是各种文化新概念、新名词、新活动走进千家万户，例如"非遗保护""动漫游戏""创意产业"等名词已经家喻户晓，而"艺术扶贫工程""激情广场大家唱""福建文化宝岛行"等具有创造性的文化活动，获得了文化部"创新奖""群星奖"，成为著名的文化品牌；三是文化基础设施建设大为改善，如福建大剧院、厦门艺术中心、宁德文化艺术中心等，成为各地的城市地标式建筑。

展望"十二五"，宋闽旺认为，福建文化要实现跨越发展，在自身大繁荣大发展的同时，为海西经济社会发展提供强有力的支撑。他说，要为老百姓提供均等性文化资源，体现群众基本文化权益的公共文化服务体系建设，在"十二五"期间将趋于更完备，更到位，形成省、市、县、乡、村五级文化设施网络。他告诉记者，福建历史文化底蕴深厚，目前已有4000多处国家级、省级文物保护单位，400多项省级以上非物质文化遗产项目，今后五年在扎实做好保护工作的同时，要加强传承、弘扬的意识，让文化遗产焕发生机，融入生活，为福建的经济社会发展所用。今年中秋国庆期间，修复后的福州三坊七巷迎来百万游览人次，就是一个很好的例证。

"进入'十二五'，文化产业将被真正打造成福建的支柱产业。近年来福建文化产业取得了突破性的进展，但还有很长的路要走。"宋闽旺说，十大重点产业群必须在现有基础上完善充实，要形成品牌。在文化产业发展过程中要解放思想，大胆创新，注重创意和科技元素的注入，特别是关注产业领域不断产生的新的业态，例如文化与旅游的结合、手机文化等。他认为，文化产业的发展与知识产权保护、文化市场的规范管理是一种相辅相成的关系，要重视做好。

在文化艺术生产方面，"十二五"期间要有新的飞跃，争奇斗艳、大放异彩，满足人民群众对精神产品、高雅艺术的需求。对台是福建的优势，"十二五"期间，对台及对外文化交流、文化贸易将得到进一步的发展，通过国际化、市场化的运作，借助文博会和各种文化节等平台，推进全方位、多角度、多层次的对台、对外文化交流。

"十二五"期间，将以深化体制改革为动力，推动文化事业、文化产业的发展。文化领域的改革，主要包括体制的转换和机制的创新两个方面，对于政府主管部门而言，要实现从办文化到管文化，从微观管理到宏观管理，从抓直属单位向抓全社会文化发展转变。

宋闽旺认为，在现阶段，要把文化提高到软实力的角度来发展，"精神的力量是无穷的"，要认识到文化对经济、社会产生的巨大的推动、支撑作用。在文化大繁荣大发展的过程，应当形成昂扬向上的主旋律，有利于社会主义核心价值体系的建立。"展望'十二五'，实现'十二五'的文化发展目标，一定要脚踏实地，一步一个脚印，唯此，才能推动文化事业、文化产业迈上新的台阶"。

深入采访

6月26日至27日，一年一度的全国文化厅局长座谈会在贵州省贵阳市举行。会议围绕深入贯彻落实党的十七届六中全会精神，回顾总结六中全会以来文化系统改革发展的新进展，认真思考深化文化体制改革、推动文化发展需要进一步解决的问题，寻求破解难题的有效途径，安排部署下半年的重点工作，迎接党的十八大胜利召开展开。文化部党组书记、部长蔡武，党组副书记、副部长赵少华，党组成员、副部长、国家文物局局长励小捷，党组成员、副部长杨志今，党组成员、故宫博物院院长单霁翔和贵州省委副书记、省长赵克志，副省长谢庆生等出席会议。

蔡武在会上作了题为《深入贯彻落实党的十七届六中全会精神 创造优异成绩迎接党的十八大》的报告。他说，从2011年10月党的十七届六中全会召开以来，全党全社会抓住有利契机，迅速兴起文化改革发展的热潮，我国文化建设进入了一个新的阶段，迎来了一个繁荣发展的黄金期。全国文化系统认真贯彻落实六中全会精神，各项文化工作取得显著成效。文化自觉和文化自信不断增强，文化发展的环境极大改善。文化系统干部职工以崭新的面貌投身文化建设，文化改革发展硕果累累。文化体制改革阶段性任务基本完成；文艺创作生产进一步繁荣；公共文化服务体系建设取得新突破；文物保护工作稳步推进；非物质文化遗产保护传承取得重要进展；文化产业政策引导和公共服务水平不断提升；文化市场监管水平显著提高；文化与科技融合更加紧密；对外及对港澳台文化交流与贸易不断拓展；党风廉政建设不断加强。

在回顾总结的基础上，蔡武就文化改革发展面临的机遇和挑战，努力提高文化建设的科学化水平做了深刻的分析和阐述。他指出，党的十六大以来，我国文化建设取得巨大成就，呈现出前所未有的良好态势，这一局面来之不易。结合六中全会精神和文化工作实际，有三点经验感受体会深刻：

一是坚定不移地坚持改革开放。任何改革都不可能一帆风顺，这几年文化体制改革也是冲破了许多障碍和阻力，遇到很多难题和困难，酸甜苦辣大家都经历过。改革取得的最大成效就是实现了观念转变，深化了对改革必要性紧迫性的认识，统一了全系统的思想。在当前社会思潮纷繁复杂、社会矛盾错综尖锐、文化发展任务繁重艰巨的情况下，坚定不移地高举改革开放的旗帜，事关坚持十一届三中全会以来党的基本路线，坚持中国特色社会主义道路、旗帜、理论体系这个大是大非问题，文化系统一定要统一思想，不为风浪所惧，不为干扰所惑，旗帜鲜明，坚持改革开放毫不动摇。

二是在科学发展观指导下确立了"双轮驱动"的发展思路。十六大以来，我们党努力探索中国特色社会主义文化建设的内在规律，正确认识文化的双重属性、双重功能，提出了"双轮驱动"的发展思路，这是新的文化发展理念的重要体现，是中国特色社会主义理论的重大突破和创新，为新时期新阶段文化改革发展找到了现实的路径。

三是必须准确运用唯物辩证法，把握好处理各种复杂问题的度。文化工作是党的意识形态工作的重要组成部分，有其自身的特点和规律，具有一定的复杂性。解决文化改革发展中遇到的各类问题，必须坚持正确的立场、观点和方法，坚持马克思主义的唯物论、辩证法，学会全面地、辩证地认识问题，解决问题。这些年的实践证明，从事文化工作一定要增强政治意识和大局意识，保持清醒头脑，提高政治敏锐性和鉴别力，对偏离中国特色社会主义理论和道路的各种倾向，要有鲜明的态度，坚定的立场，稳妥的方法。把握好度，需要用发展的辩证的眼光看待问题，着力破解文化改革发展的难点热点问题，统筹兼顾，区分轻重缓急，处理好点与面、当前与长远的关系，统筹协调好各方面关系。把握好度，需要加强调研，把握新形势、了解新情况、发现新问题、提出新思路、采取新举措，提高推动文化科学发展的水平。把握好度，更需要我们有担当的勇气，心无旁骛，不存私心杂念，这样才能够排除来自各方面的杂音、噪音、干扰等，守土有责，保护文化发展的难得的大好环境。只有这样，才能更好地贯彻落实六中全会精神，才能真正形成新的文化自觉和文化自信。

蔡武就实际工作中，如何看待和处理关于转变政府职能建设服务型政府、完善公共文化服务体系、对文艺创作生产的引导、文物保护工作、非物质文化遗产保护工作、对文化产业规律的把握、文化市场监管、提高文化"走出去"水平、文化与科技的融合、文化人才队伍建设十方面问题谈了具体看法和思路。他指出，各级文化行政部门要按照服务型政府、法治政府的要求，从观念、体制、机构、工作方式方法等方面加以转变，更好地履行政府职能；要"对症下药"，着力在完善公共文化服务体系上下工夫；要深刻理解文化产品的双重属性，坚持把社会效益放在首位，把创新精神贯穿文艺创作生产全过程；要正确处理文物保护与利用的关系，把文物工作放在党和国家的大局下来思考、来谋划，使文物保护事业与社会经济发展相协调；要准确把握非物质文化遗产的特点和自身规律，按照抢救性保护、整体性保护和生产性保护等不同思路，采取切实有效的保护措施；要注重把握文化产业自身的发展规律，找准定位，高度重视产业结构雷同，盲目上项目、搞园区等问题；要加强艺术品领域的诚信体系建设，加强立法，改进监管制度，加强沟通协作，强化网络游戏内容管理，发挥游戏评论机制作用；要进一步实现从理念到实践的升级换代，在工作体制机制的运用上下工夫，在提升文化走出去品质和内涵上下工夫；要大力增强文化艺术队伍的科技意识、创新意识，发挥政府的引导作用，提高项目引导的带动作用，争取推出一批标志性成果；要探索艺术人才培养的新模式，加强基层，夯实基础，壮大城乡基层文化人才队伍。

蔡武强调，全国文化系统要抓住机遇、突出重点，全力以赴做好下半年工作，重点要抓好几个方面：营造良好气氛迎接十八大胜利召开；力争全面完成文化体制改革阶段性任务；积极推动《国家"十二五"时期文化改革发展规划纲要》《文化部"十二五"文化改革发展规划》的落实；切实按照《文化部2012年工作要点》要求，扎实推动艺术创作生产、公共文化服务体系建设、文物保护、非物质文化遗产保护、文化产业发展、文化市场管理、文化科教和对外及对港澳台文化交流等方面各项工作，努力推动文化建设再上新台阶。

赵克志代表贵州省委、省政府在座谈会上致辞。他介绍了前不久召开的贵州省第十一次党代会和贵州文化建设的相关情况，表示面对新的形势和任务，贵州将加快文化产业发展和文化事业建设，加快实施文化惠民工程，大力构筑"精神高地"。贵州省将深入贯彻本次座谈会特别是蔡武部长讲话精神，认真学习兄弟省市的好经验、好做法，更大力度推动全省文化事业加快发展、跨越发展，让人民群众共享文化改革发展成果，促进贵州文化大发展大繁荣。

赵少华在会议闭幕时作总结讲话，就进一步贯彻落实好此次会议精神，努力以扎实有效的工作成绩迎接党的十八大，提出三点意见。首先要在思想认识上，继续坚持解放思想、实事求是。进一步充分认识六中全会对于文化改革发展的重要战略意义，牢牢把握文化建设的黄金机遇期，凝聚共识、乘势而上，努力实现新的跨越。二要在具体执行中，继续坚持真抓实干、开拓进取。进一步充分利用六中全会为文化改革发展提供的各种有利条件，紧紧围绕文化建设的全局性工作，冷静思考、统筹谋划、积极作为。三要充分利用六中全会为文化改革发展带来的良好机遇，大力推动文化体制改革创新，稳中求进，不断开创新局面，为迎接党的十八大胜利召开创造良好的舆论环境。

国家图书馆馆长周和平，国家博物馆馆长吕章申，全国各省（区、市）文化厅（局），新疆生产建设兵团文化广电局，各计划单列市文化部门，文化部机关各司局和直属单位负责人出席会议，贵州省 9 个州市文化部门负责人列席会议。与会代表就蔡武部长报告及十七届六中全会以来各地开展工作的情况进行了热烈的分组讨论交流，河南省文化厅厅长杨丽萍、湖南省文化厅厅长周用金、福建省文化厅厅长陈秋平、甘肃省文化厅厅长邵明分别代表各组作了大会发言。大家对报告中关于文化发展必须坚持改革开放、坚持"双轮驱动"、坚持把握好处理各种复杂问题的"度"的三个重要论断，产生了强烈的共鸣；对于文化改革发展中十个方面问题的论述，进行了深入的交流探讨。与会代表一致认为，当前文化改革发展面临着难得的机遇和巨大的挑战，蔡武部长的报告求真务实、寓意深刻、鼓舞干劲，充分体现了文化部党组对中国特色社会主义文化发展道路丰富内涵的深刻把握。

观点链接

《经济日报》：在国际金融危机背景下，文化产业不仅是我国经济新的增长点，而且是加快经济发展方式转变的重要突破口。值得注意的是，文化产业具有双重特性。文化产业的内涵是文化，外在形态是产业，产业融合是其本质特征之一。加快发展文化产业也需要复合思维，把发展产业的思维与繁荣文化的努力融合在一起，完善财税、融资等产业扶持政策，促进文化与资本深度对接，打造文化产业新增长点。从这个意义上说，助推产业加速发展，既要着力提升文化产业的"软实力"，也要着力推动文化产业成为"硬支撑"。

附　录

发展现代传播体系　提高社会主义先进文化辐射力和影响力

（学习贯彻党的十七届六中全会精神）

蔡赴朝

当今世界，一个国家文化的影响力不仅取决于其思想内容，而且取决于其传播能力。谁的传播能力强大，谁的思想文化和价值观念就能更广泛地流传，谁就能更有力地影响世界。《中共中央关于深化文化体制改革、推动社会主义文化大发展大繁荣若干重大问题的决定》（以下简称《决定》）指出，提高社会主义先进文化辐射力和影响力，必须加快构建技术先进、传输快捷、覆盖广泛的现代传播体系。这是党中央根据世情国情党情深刻变化，对宣传文化工作作出的重要战略部署。

近年来，我国宣传文化部门大力加强传播能力建设，国内国际传播水平显著提高，为凝聚民族力量、推动社会进步、扩大我国在世界的影响作出了积极贡献。但是，与我国经济社会快速发展的要求相比，与人民群众不断增长的精神文化需求相比，与现代科学技术和传播手段迅猛发展的形势相比，与我国日益提升的国际地位相比，我国的文化传播能力还不相适应、存在差距。贯彻落实《决定》部署，加快构建现代传播体系，努力形成与我国经济社会发展水平和国际地位相称的国内国际传播能力，已经成为宣传文化工作面临的一项十分重要而紧迫的战略任务。

一、加强重要媒体建设

《决定》强调，要加强党报党刊、通讯社、电台电视台和重要出版社建设。党报党刊、通讯社、电台电视台，是党的新闻宣传事业的主阵地、主力军，必须作为构建现代传播体系的战略重点。当前，我国正处在改革发展的关键时期，社会思想观念深刻变化，人们思想活动的独立性、选择性、多变性、差异性明显增强；同时，高新技术特别是信息网络技术迅猛发展，媒体传播理念、传播渠道、传播方式正在发生深刻的变化和调整。加强重要媒体建设，必须科学把握这些新形势、新趋势，着力提高舆论引导能力、数字化采编播能力、统筹传统媒体新兴媒体发展能力。

要把坚持正确导向、提高舆论引导能力贯穿媒体建设始终。要紧紧围绕深入贯彻"三贴近"原则，大力推进宣传创新，切实增强新闻宣传的亲和力、吸引力、感染力。要建立常态化的深入基层、深入群众新闻工作机制，正确引导社会舆论，有效回应社会关切，更好服务百姓生活。要健全新闻报道快速反应机制，第一时间发出权威声音。要积极探索把握新形势下舆论引导机制，提高新闻信息量，提高现场直播能力，增强引导和回应群众参与互动的能力。

数字化是媒体发展的重要趋势，不仅促进了媒体采编、发行、播发系统的技术升级，而且带来了媒体内部管理体制、运行机制的全方位变革。要坚持以数字化为龙头，以科技创新带动体制机制创新，加快媒体现代化进程，实现多媒体综合集成发展。要加强党报党刊采编系统数字化网络化建设，加快存量资源数字化转换，积极推进数字出版、数字印刷、数字发行、数字阅读。要加快电台电视台台内数字化建设，构建采、编、播、存、用一体化的数字技术新体系，构建面向多个播出平台、多种用户终端的综合制播系统，大幅度地提升广播电视播出质量和水平。

互联网等新兴媒体发展迅速，已经成为覆盖广泛、影响巨大的大众传媒。占领文化传播制高点，就必须抢占科学技术制高点。把握舆论引导主动权，就必须把握新媒体发展主动权。党报党刊、通讯社、电台电视台和重要出版社要从战略高度重视新媒体、发展新媒体，切实增强统筹传统媒体新兴媒体发展的能力。要充分发挥资源优势，积极拓展网络报刊、网络广播电视、手机报刊、手机电视、移动多媒体等新兴领域和新兴传播阵地，使新兴媒体成为传播社会主义先进文化的新阵地、提供公共文化服务的新平台、人们健康精神文化生活的新空间。

二、加强国际传播能力建设

《决定》对我国国际传播能力建设作出了部署。我们必须服从服务国家对外工作大局，紧紧围绕提升我国综合国力，切实把国际传播能力建设作为构建现代传播体系的重要内容，着力扩大对外宣传，建设全球传输覆盖网络，加强对外文化交流合作，切实增强我国国际舆论话语权，提升中华文化国际影响力。

强大的媒体是衡量一个国家国际传播能力的重要标志，是建设文化强国的重要途径。经过多年发展，我国重点媒体已经具备了打造国际一流媒体的良好基础和条件。人民日报建设新闻资源系统，加快海外版数字化转型；新华社驻外分社超过140个，形成比较健全的全球新闻信息采集网络和新闻发布体系；中国国际广播电台建有海外记者站32个，建成62个境外整频率电台，使用61种语言对外播出；中央电视台海外记者站达50个，开播英语、西班牙语、法语、俄语、阿拉伯语、汉语6种语言7个国际频道，在141个国家和地区落地，海外用户超过2亿；中国日报形成国内旗舰版、美国版、欧洲版、亚洲版共同发展的局面；中新社海外供版覆盖22个国家；人民网、新华网、中国网络电视台影响力不断增强；等等。但是，我们必须清醒看到，与国际大型传媒集团相比，我国重点媒体在制播能力、传播能力、新媒体发展能力等方面还有明显的差距，国际舆论影响力、国际事务话语权还相对较弱。必须加大工作力度，采取有力措施，加快打造语种多、受众广、信息量大、影响力强、覆盖全球的国际一流媒体，实现我国重点媒体国际传播能力的跨越式发展，使我国主流媒体的图像、声音、文字、信息更广泛地传播到世界各地。

打造国际一流媒体，要立足我国媒体发展实际，充分借鉴跨国传媒有益经验，坚持硬件和软件并重，同步推进基础设施建设和信息内容建设。一要完善新闻信息采集网络。把新闻触角延伸到世界各地，提高采编播发综合业务能力，特别是能够做到现场报道、权威报道重要国际新闻事件，努力提高新闻信息原创率、首发率、落地率。二要加强内容建设。深入研究国外受众心理特点和接受习惯，贴近中国和世界发展的实际，贴近国外受众对中国信息的需求，贴近国外受众的思维习惯，利用现代传播技巧，运用国外受众听得懂、易接受的方式和语言，增强内容的吸引力和影响力。三要加强本土化建设。逐步实现信息采集、编辑制作等业务流程的本土化运作，切实增强传播实效。四要扩大海外传播发行、落地覆盖。在巩固传统传播方式的同时，积极利用互联网等新技术手段完善全球传输覆盖网络，扩大在境外的覆盖面。要注重培育市场化、专业化的营销主体，构建符合市场运作规律、覆盖广泛的营销体系，不断提高新闻信息产品营销能力。

三、建立国家应急广播体系

建立统一联动、安全可靠的国家应急广播体系，是党中央根据国际经验和我国实际，对我国现代传播体系建设提出的新任务新要求。从国际上看，利用广播电视传播紧急信息、发布预警消息是世界各国普遍采用的有效手段，欧洲、美国、日本等都把广播电视作为政府应急体系中最重要的信息发布渠道，将广播电视机构纳入应急体系，建立应急广播系统。从1963年开始，美国就逐步建设了连接数千个广播电视台、有线电视网、卫星广播网络的覆盖全美的应急广播系统；欧洲建立的应急体系也将广播电视作为重要组成部分；日本已经建成较为完善的应急广播系统，遇有突发事件能够通过广播电视迅速发布紧急信息。

从国内看，近年来，我国发生了南方雨雪冰冻、"5·12"汶川特大地震、"4·14"玉树强烈地震等重大自然灾害，给国家造成巨大损失，使人民群众生产生活受到重大影响。在这些重大自然灾害等突发公共事件的应急处置中，广播电视在及时传达政令、发布信息、引导舆论、稳定人心、协助救灾等方面发挥了不可替代的作用，充分证明了其在应急处置中的独特功能和重要地位，已经成为国家应急体系不可缺少的重要组成部分。

目前，国家应急广播体系建设已列入我国"十二五"规划纲要，有关工作正在抓紧推进。国家应急广播体系建设要根据国家应急体系建设总体要求，充分利用无线、有线、卫星等传输资源，综合采取中短波广播、调频广播、移动多媒体广播和数字音频广播等技术手段，以中央人民广播电台为龙头、联结省市县，着力建立健全应急广播的信息采集播出、传输覆盖、接收等系统，努力做到统一联动、安全可靠，使之在应对突发公共事件中发挥更大作用。按照计划，2015年年底前基本完成国家应急广播体系建设，实现应急广播的全国覆盖和稳定运行。

四、推进三网融合

三网融合是指电信网、广电网、互联网在向宽带通信网、数字电视网、下一代互联网演进过程中，其技术功能趋于一致，业务范围趋于相同，网络互联互通、资源共享，能为用户提供话音、数据和广播电视等多种服务。三网融合是我国经济和社会信息化的重大战略任务，是充分发挥各类信息网络设施文化传播作用的内在要求，必须作为构建现代传播体系的重要工作来推进。

按照党中央、国务院部署，三网融合正在扎实推进。2010年1月21日，国务院印发实施《推进三网融合的总体方案》，全面阐述了推进三网融合的重要意义、指导思想和基本原则，明确了三网融合总体目标，提出到2015年，实现电信网、广电网、互联网融合发展，新型信息产品和服务不断涌现，网络利用率大幅提高，科技创新能力明显增强，国民经济和社会信息化水平迅速提升，网络信息安全和文化安全保障能力进一步增强，信息产业、文化产业和社会事业进一步发展，社会主义文化进一步繁荣，人民群众享有更加丰富多样、快捷经济的信息和文化服务。总体方案提出了分两步走的工作目标，2010-2012年为试点阶段，2013-2015年为推广阶段；确定了推动广电、电信业务双向准入，加强网络建设和统筹规划，强化网络信息安全和文化安全监管，推动产业发展等4个方面的任务。2010年6月，国务院办公厅印发了三网融合试点方案，并公布了第一批12个试点地区（城市）名单。目前，试点工作已取得积极进展。

推进三网融合，对改造提升广播电视网提出了紧迫要求。截至2010年年底，我国有线电视干线网络超过330万公里，全国有线电视用户达1.89亿户，覆盖全国所有大中城市、部分乡镇以及不少农村地区，其中数字电视用户8799万户。但不容忽视的是，有线电视网络资源分散、条块分割，不少地区网络技术水平落后。适应三网融合要求，必须加快有线电视网络由小网向大网、模拟向数字、单向向双向、用户看电视向用电视的转变。一方面，要加快有线电视网络整合。抓紧组建国家级广播电视网络公司，逐步实现全国有线电视网络统一规划、统一建设、统一运营、统一管理。另一方面，要加快有线电视网络大容量、双向交互升级改造。具体目标是，到2015年全国县级以上城市有线电视网络全面实现数字化，80%基本实现双向化。同时，以有线数字电视、移动多媒体广播电视等网络为基础，以我国自主创新的核心技术为支撑，加快下一代广播电视网（NGB）建设，努力建设以视频服务为主、提供多种信息服务、可管可控、安全可靠的综合信息网络。目前，12个三网融合试点城市正在抓紧下一代广播电视网示范区建设。

推进三网融合，必须加强内容和服务创新。要大力开发高清电视、视频点播、互动电视、政务信息、远程教育医疗、电子商务等数字广播电视网络多样化服务。符合条件的广电企业还可经营增值电信业务、比照增值电信业务管理的基础电信业务、基于有线电视网络提供的互联网接入业务、互联网数据传输增值业务、国内IP电话业务。要加快发展移动多媒体广播电视，加强和丰富节目内容，增强针对性和吸引力；加强网络建设，从地市延伸到区县，扩大深度覆盖，更好地满足人民群众随时随地收听收看的需求。要通过三网融合，真正让人民群众感受到精神文化生活新变化和新实惠。

推进三网融合，必须积极发挥各类信息网络设施的文化传播作用。在加强监管的前提下，符合条件的国有电信企业可从事除时政类节目之外的广播电视节目生产制作、互联网视听节目信号传输、转播时政类新闻视听节目服务，以及除广播电台电视台形态以外的公共互联网音视频节目服务和交互式网络电视（IPTV）传输服务、手机电视分发服务。

推进三网融合，必须维护国家文化安全和信息安全。这是三网融合顺利开展的基础和前提，必须贯穿于三网融合全过程。要落实网络信息安全和文化安全管理职责，加快建立健全相关安全监管机构和监管系统，确保内容可控可管、安全播出。三网融合总体方案和试点方案明确，广播电视播出机构负责 IP 电视、手机电视集成播控平台的建设和管理，包括节目的统一集成和播出监控、电子节目指南、用户端、计费、版权等管理。目前，已经完成三网融合试点地区 IPTV、手机电视集成播控平台建设，正在积极推进监管平台建设，目的就是要确保播出内容安全和传输安全，切实维护人民群众的视听权益，促进健康有序发展。

《人民日报》2011 年 11 月 7 日

编者按

2012 年 2 月 24 日，新闻出版总署印发了《关于加快出版传媒集团改革发展的指导意见》（新出政发 [2012]3 号）。这是总署贯彻落实全国文化体制改革工作会议精神的重要举措，也是总署首次针对出版传媒集团的改革发展出台专门的指导意见。《指导意见》共分为 8 个部分 32 条，明确了今后一个时期出版传媒集团发展的战略方向，指出了出版传媒集团加快发展的重要性和紧迫性，提出了推动出版传媒集团发展的指导思想、原则要求和主要目标，紧密围绕"三改一加强"，细化了推动出版传媒集团改革发展的责任任务，并对推动出版传媒集团发展的保障措施提出了具体要求。为便于全行业结合实际贯彻执行，特全文刊发。

关于加快出版传媒集团改革发展的指导意见

新闻出版总署

为贯彻落实党的十七届六中全会精神，充分发挥出版传媒集团在新闻出版改革发展中的主导作用，按照《国家"十二五"时期文化改革发展规划纲要》和《新闻出版业"十二五"时期发展规划》要求，现就加快出版传媒集团改革发展提出如下意见。

一、充分认识加快出版传媒集团改革发展的重要性紧迫性

1. 党的十六大以来，新闻出版行业按照中央的部署和要求，积极、稳妥、有序地开展经营性新闻出版单位转企改制，加快资源整合和结构调整，组建了一批出版传媒集团。"十一五"时期，出版传媒集团不断深化改革、加快发展，出版了一大批精品力作，较好地满足了广大人民群众的精神文化需求；一批出版传媒集团完成了公司制改造，初步建立了现代企业制度；一批出版传媒集团相继实现了股份制改造并上市融资，成长为文化产业的战略投资者；一批出版传媒集团加快了走出去步伐，为中华文化走向世界作出了重要贡献。与此同时，出版传媒集团产业规模不断扩大，发展质量不断提高，在新闻出版业中的地位和作用日益凸显，成为新闻出

版改革发展的主力军。

2．面对中央对文化改革发展提出的新要求，面对人民群众对精神文化产品的新期待，面对建设新闻出版强国的新使命，面对新技术带来的新挑战，出版传媒集团改革发展还存在着许多不适应，表现为：体制不顺，机制不活，发展活力不强；集约化程度低，发展同质化，市场竞争力不强；与科技融合程度低，转型升级迟缓，创新能力不强；高层次人才缺乏，经营管理能力不强。同时，地区和行业封锁，布局结构和出版资源配置不合理，诚信体系不健全等问题，制约着出版传媒集团改革发展。

3．坚持中国特色社会主义文化发展道路，努力建设社会主义文化强国，新闻出版行业承担着重大历史责任。出版传媒集团作为新闻出版体制改革的排头兵、新闻出版产业发展的主力军，在引领社会主义文化前进方向、建设社会主义核心价值体系、传播知识和传承文明、维护国家文化安全等各方面，发挥着重要的作用。加快出版传媒集团改革发展，是发展公益性文化事业，保障人民基本文化权益，满足人民日益增长的精神文化需求的迫切需要；是加快发展新闻出版产业，推动文化产业成为国民经济支柱性产业，服务国家经济社会发展大局的迫切需要；是加快转变新闻出版业发展方式，调整产业结构，增强整体实力的迫切需要；是增强社会主义先进文化对内凝聚力、对外影响力，推动中华文化走出去，提升国家软实力的迫切需要。

二、加快出版传媒集团改革发展的指导思想、原则要求和主要目标

4．加快出版传媒集团改革发展的指导思想是：深入学习贯彻落实党的十七届六中全会精神，以邓小平理论和"三个代表"重要思想为指导，坚持贯彻落实科学发展观，按照高举旗帜、围绕大局、服务人民、改革创新的总要求，以科学发展为主题，以转变发展方式为主线，以深化改革为动力，以科技进步和自主创新为支撑，以改革、改组、改造和加强管理为主攻方向，进一步整合资源、优化结构，构建充满活力、富有效率、更加开放、有利于出版传媒集团科学发展的体制机制，解放和发展新闻出版生产力，推动出版传媒集团改革发展取得新突破。

5．加快出版传媒集团改革发展的原则要求是：坚持社会主义先进文化的前进方向，全面贯彻"二为"方向和"双百"方针，大力推进社会主义核心价值体系建设；坚持把社会效益放在首位，坚持社会效益与经济效益的有机统一；坚持政府引导和市场调节相结合，充分发挥市场配置资源的积极作用；坚持发展新闻出版主业，

兼顾多元化经营；坚持利用好国际国内两个市场、两种资源，努力增强中华文化的影响力和传播力；坚持新闻出版事业和新闻出版产业协调发展，提高出版传媒集团提供公共文化服务和推动文化产业发展能力；坚持扶优扶强，努力打造国际一流的出版传媒企业。

6. 加快出版传媒集团改革发展的主要目标是：着力构建文化产品生产创作新机制，推出更多无愧于历史、无愧于时代、无愧于人民的精品力作；着力进行公司制改造，建立现代企业制度；着力推进文化科技创新，实现出版传媒集团的转型升级；着力加强管理，激发出版传媒集团的发展活力；着力推动联合重组，破除地区封锁和行业壁垒，实现出版传媒集团跨媒体、跨地区、跨行业、跨所有制、跨国界发展；着力推动出版传媒集团走出去，提升中华文化的国际影响力。到"十二五"期末，进一步做强做优国家层面人文、教育、科技三大出版传媒集团，培育多个年销售收入超过200亿元的大型骨干出版传媒集团；推动新华书店跨地区兼并重组，组建全国性国有大型发行集团；基本形成核心竞争力强、主业挺拔、品牌突出、管理科学的出版传媒集团集群；基本形成南北与东中西部布局合理，中央与地方、图书出版与报刊出版、单一媒体与多种媒体、综合型与专业型、大型集团与专、精、特、新各类出版传媒企业优势互补、合作竞争的新格局。

三、进一步深化出版传媒集团体制改革

7. 完善法人治理结构。指导和推动出版传媒集团切实规范转制到位，通过有效的制度安排，提高企业的市场竞争能力。健全董事会、监事会和经营管理层，探索建立职业经理人制度，明确所有者、经营者各自职责，形成符合现代企业制度要求、体现文化企业特点的资产组织形式和经营管理模式。

8. 推进股份制改造。指导和推动一批具备条件的出版传媒集团进行股份制改造，引入其他行业大型国有企业作为战略投资者，在国家政策许可范围内允许有序引入非公有制资本；鼓励出版传媒集团之间通过联合重组、参股等方式进行股份制改造，实现股权多元化。

9. 转换内部经营机制。按照市场规则和新闻出版发展规律，推动出版传媒集团继续深化以劳动、人事和分配三项制度为核心的内部改革。建立完善的企业职工考评制度和激励制度，设计合理的薪酬体系，鼓励智力、版权、技术等生产要素参与收益分配。

10. 引导和规范国有出版传媒集团与非公有文化企业开展合作。引导和规范国有出版传媒集团与非公有文化企业开展产品合作、项目合作、资本合作；允许国有出版传媒集团引进具备资质的非公有文化企业作为国有出版传媒集团的一个部门参与出版活动；允许出版传媒集团控股或参股成长性较好的非公有文化企业，实现跨所有制发展。

四、积极推进出版传媒集团战略性改组

11. 支持出版传媒集团兼并重组。鼓励出版传媒集团通过整合报纸、期刊、图书、音像制品、电子出版物、数字出版业务和出版、印刷复制、发行等资源，实现多媒体、全产业链发展；鼓励出版传媒集团对业务相近、资源相通的中央和地方出版企业进行兼并重组，实现跨地区发展；鼓励出版传媒集团兼并重组新闻出版领域以外的其他国有企业，实现跨行业发展。支持主业突出、具有品牌优势的专业性出版传媒集团走特色经营之路。鼓励和支持转企改制到位的新闻出版单位自愿加入各类出版传媒集团。

12. 支持出版传媒集团之间进行战略性合作。支持出版传媒集团采取联合研发、资源共享、平台共建、合作经营等方式进行战略性合作；支持出版传媒集团通过异地设立分支机构、连锁经营、与同类企业进行产品、项目和资本合作等方式，实现跨地区经营；支持出版传媒集团与广播电视、电信等行业的大型企业开展战略合作。

13. 推动出版传媒集团转变发展方式。指导和推动出版传媒集团制定科学的战略规划，调整产业结构，转变经营思路，由主要依靠国内市场、国内资源向依靠国内国际两个市场、两种资源转变，由主要依靠单一出版业态向依靠以出版经营为核心的多元文化服务转变，由主要依靠传统出版业态向依靠传统出版业态与新兴出版业态有机融合转变，由主要依靠资源扩张向主要依靠科技进步、文化创新和提高劳动者素质转变，实现又好又快发展。

五、大力支持出版传媒集团应用高新技术和推动产业升级

14. 支持出版传媒集团应用高新技术。支持出版传媒集团加强核心技术、关键技术、共性技术攻关，加强数字内容加工、存储、传输、阅读等新技术和装备的应用，加快科技创新成果转化，不断提高新闻出版技术装备水平；支持出版传媒集团自主

研发和引进吸收高新技术，运用高新技术改造和提升传统生产方式、生产流程和基础设施；推动出版传媒集团加快实现存量出版资源数字化，打造涵盖多种出版资源的数字传播技术和资源库，对内容资源进行全方位、深层次的开发利用；鼓励开发应用互联网、物联网和云计算技术，构建开放式、综合性、多功能集成的流通信息平台；支持出版传媒集团和大型电子商务企业进行战略合作和资源整合，构建线上流通和线下流通相结合的现代化出版物流通体系。

15. 支持出版传媒集团发展数字出版产业。支持出版传媒集团实施数字化战略，加快发展有声阅读、电子书、电子书包、数字报、精品学术期刊数据库等；支持出版传媒集团发展以网络出版、手机出版、云出版等为代表的出版新业态；培育一批以数字化引领、全媒介经营为特征的新型出版传媒集团，加快建立适应数字出版产业发展的市场主体；支持出版传媒集团积极探索数字出版产业发展的新途径。

16. 支持出版传媒集团建立科技创新体系。鼓励和引导企业资本和社会资金投向技术改造，形成面向市场的新产品研发和新技术创新机制；鼓励建立科技工作战略规划，设立科研部门，完善科研制度，加大科研经费投入；支持开展标准化工作，推动企业标准成为行业标准、国家标准和国际标准。

六、切实加强出版传媒集团科学管理

17. 加强出版产品内容创作生产的引导。出版传媒集团要立足发展先进文化，把为人民提供更好更多的精神食粮作为管理的首要任务，要坚持正确的出版导向，把遵循社会主义先进文化前进方向、人民群众满意作为评价出版产品的最高标准，形成以群众评价、专家评议和市场检验相结合的科学评价机制。

18. 健全内部管理机制。以明确范围、规范程序、强化监督和责任追究为重点，建立健全出版传媒集团重大决策、重要人事任免、重大项目安排以及大额度资金运作事项的"三重一大"决策、执行和监督体系。推动企业内部管理创新，强化质量管理和成本核算，形成有效的激励和制约机制。加强领导班子思想政治建设，增强政治敏锐性和政治鉴别力，筑牢思想防线，确保导向正确。充分发挥企业党组织的政治核心作用。推动企业加强自身品牌建设、内部文化建设，不断提高企业凝聚力，提升企业整体形象，形成体现文化企业特点的经营理念和发展模式。

19. 科学整合内部资源。推动出版传媒集团优化产业结构，做强主业、做大主体，提升核心竞争力；推动出版传媒集团整合同类业务及上下游业务，合理布局产业链、产品链，提高资源集中度和综合效益；推动出版传媒集团围绕主业发展相关文化产业，延伸产业链条，形成新的增长点；推动出版传媒集团建立与业务整合、市场化经营相适应的管控模式和组织架构，提高管理效能；推动出版传媒集团兼并重组后在发展战略、管理、品牌、业务、企业文化等层面实施有效整合，形成综合竞争优势。

20．建立健全出版传媒集团编委会制度。支持出版传媒集团通过建立健全编委会，加强对内容资源的质量管理、品牌管理、版权管理；支持出版传媒集团加强对内容资源进行有序开发，形成各具特色的优质产品；支持出版传媒集团加强对所属出版机构选题策划、内容创新、产品设计和市场营销的管理协调，努力创作生产内容与形式高度统一的原创精品出版物。

21．加强人力资源规划与开发。指导和推动出版传媒集团创新人才激励机制，健全人才选拔机制，建立完善培训制度；采取公开招聘、定向培养、业外引进等多种方式，培养、吸引、凝聚一批专业技术人才和复合型高级经营管理人才；支持出版传媒集团培育一支门类齐全、结构合理、梯次分明、素质优良的员工队伍。

七、鼓励和扶持出版传媒集团走出去

22．支持出版传媒集团提升品牌竞争力。支持出版传媒集团深入挖掘民族文化资源，运用符合时代特征的文化表现形式，把传统元素与现代元素有机结合，把民族特色与世界潮流有机结合，生产更多具有自主知识产权和国际竞争力的出版产品，培育一批国际知名品牌。

23．支持出版传媒集团采取多种方式走出去。支持出版传媒集团拓展对重点国家和地区的版权输出；支持有竞争力的传统出版产品和多种形态的数字出版产品进入国际市场；支持有实力的出版传媒集团兼并、收购境外有成长性的优质出版企业；支持有条件的出版传媒集团通过独资、合资、合作等方式，到境外建社建站、办报办刊、开厂开店；支持出版传媒集团参与建设两岸出版交流试验区，在两岸出版交流合作中先行先试，推动两岸新闻出版业共同繁荣发展。

24．支持出版传媒集团拓展国际传播渠道。支持出版传媒集团通过参与国内外具有国际影响力的重点文化会展活动，提升中国出版产品在国际上的影响力；鼓励出版传媒集团加强与全球性和区域性大型连锁书店合作，进一步拓展国际主流营销渠道，开拓网络书店、在线阅读等新型出版物销售渠道，整合海外华文出版物营销渠道，构建中国出版产品国际立体营销网络和国际交易平台。

八、加快出版传媒集团改革发展的保障措施

25. 进一步理顺管理体制。理顺行业管理和资产管理的关系，形成党委统一领导、党政齐抓共管、党委宣传部门组织协调、行政主管部门依法管理、企业自主经营的格局。新闻出版行政主管部门对出版传媒集团改革发展要负起规划、指导、协调、服务和管理的职责。要严格执行文化资本、文化企业、文化产品市场准入和退出政策，综合运用法律、行政、经济、科技等手段提高管理效能。要切实加强出版传媒集团改革发展中的反腐倡廉建设，严格执行党风廉政建设责任制，推动国有企业领导人廉洁从业有关规定的完善和落实。

26. 制定和落实出版资源向出版传媒集团倾斜的政策。支持条件成熟的出版传媒集团跨行政区设立有出版权的子公司；对跨地区和外向型经营的出版传媒集团，优先配置出版资源；对于面向海外市场的非公有制文化机构，经批准后可以单独配置出版资源。

27. 加大对出版传媒集团重大项目的扶持力度。加快新闻出版改革发展项目库建设步伐，引导和带动出版传媒集团改革发展；支持和鼓励出版传媒集团积极规划、实施重大产业项目，对于出版传媒集团实施的自主创新、转型升级的重大项目优先纳入新闻出版改革发展项目库，优先给予支持。

28. 加大对出版传媒集团改革发展资金支持力度。积极争取各级财政支持，通过文化产业发展专项资金，以贴息、补助、奖励等方式，支持出版传媒集团改革发展；对走出去取得突出成绩的出版传媒集团给予专项奖励；对于出版传媒集团实施建设社会主义核心价值体系、积累和传承民族优秀文化的重大出版工程，通过国家出版基金予以重点支持。

29. 推动出版传媒集团拓展融资渠道。支持出版传媒集团实现主营业务整体上市；推荐研发高新技术的出版传媒企业到创业板上市；加强各级新闻出版行政主管部门与金融机构的战略合作，为出版传媒集团信贷融资提供便利条件；推动制定支持出版传媒集团以专利权、商标权、著作权、自主品牌等无形资产出资、质押贷款等有关政策。

30. 加强市场体系建设。研究制定打破地区封锁和行业壁垒的政策措施，支持和保护出版传媒集团跨地区、跨行业重组和经营。通过政策调节与市场机制相结合的办法，建立完善联通实体书店与网上书店、贯通城市与乡村发行的新闻出版市场服务体系。有序发展新闻出版人才、信息、技术、版权等要素市场，建立健全资产

评估体系、产权交易体系，提高要素流通的市场化程度。加大版权保护力度，深入开展"扫黄打非"，规范教材教辅出版市场秩序，着力改善和优化出版物市场环境。加强行业信用体系建设，完善行业标准和行业规范，在全行业开展行业自律和诚信宣传教育，为出版传媒集团加快发展创造统一开放、竞争有序、健康繁荣的市场环境。

31．加强人才队伍建设。加大国家对出版传媒人力资源的开发投入力度，大力实施"四个一批"人才培养工程和新闻出版名家工程，在全国知名高校建设出版传媒人才培训基地。完善新闻出版专业技术人员职业资格制度。把非公有文化机构的人才队伍纳入行业人才建设体系，积极培养和充分发挥其作用。完善人才流动机制，形成有利于各类人才脱颖而出的体制机制，为出版传媒集团改革发展提供人才支撑。

32．建立健全科学的评价和激励机制。结合出版传媒集团改革发展实际，统筹社会效益与经济效益、导向要求与利润指标、短期经营目标与长期发展战略等，科学设置评价指标，探索建立有利于出版传媒集团可持续发展的科学统计和业绩考核体系，探索建立激励出版传媒集团经营者、管理层的长效机制，允许条件成熟的出版传媒集团经过批准，探索试行经营管理层股权激励机制。

努力开创新闻出版改革发展奋发进取的新局面

柳斌杰

　　全国文化体制改革工作会议是在我国处于全面建设小康社会的关键时期，深化改革开放、转变经济发展方式的攻坚时期召开的一次重要会议，也是在全党全国贯彻党的十七届六中全会精神，兴起文化建设新高潮的形势下召开的一次文化改革发展会议，意义十分重大。新闻出版行业一定要深入学习、领会、贯彻、落实好会议精神和李长春同志的重要批示以及刘云山同志、刘延东同志的重要讲话精神，认真贯彻六中全会精神，落实《国家"十二五"时期文化改革发展规划纲要》，进一步深化改革、加快发展。

抓住三大机遇　实现六大突破

　　过去的一年，我国新闻出版战线紧紧抓住落实"十二五"规划、纪念建党90周年和贯彻十七届六中全会精神三大机遇，坚定不移深化改革，千方百计加快发展，使新闻出版领域改革发展形成了奋发进取的新局面，六项工作取得新突破。

　　一是加强引导，创作生产了一批咨政育人的精品力作。周密实施国家重点出版、文艺精品扶持、原创优秀少儿作品、网络文学出版、名报名刊培育等创新工程，全年出版有关阐述社会主义核心价值体系、科学发展观、中国特色社会主义理论以及反映中共党史、中国革命史和中华民族发展史等方面的精品出版物2000多种，《中国共产党历史》（第二卷）、《历史的轨迹：中国共产党为什么能》、《孙中山传》、《朱镕基访谈实录》等时政图书成为年度出版新亮点。组织出版了一批宣传六中全会《决定》的精品力作，集中论述文化改革发展的图书和理论文章水平达到新高度，特别是反映中国发展道路的哲学政治、文学艺术及科学技术、青少年教育等1397个代表国家水准的重点出版项目圆满完成，几万种图书进入国际市场。

　　二是深化改革，在三个方面取得新突破。深入推进报刊出版单位体制分类改革，列入首批改革的中央各部门各单位非时政类报刊出版单位转企改制工作全面展开，一部分省市已经完成任务，其余的已批复了方案，确定了"时间表"。深入推动出版传媒企业进入第二步改革，以"三改一加强"为重点，实现跨地区、跨部门、跨行业联合重组，中央三大国有大型出版传媒集团公司组建和股改工作已经完成。深入拓展投融资渠道，凤凰传媒、浙报传媒、长江出版集团、中原出版传媒等一批出版传媒企业成功上市。到目前，全国已组建 120 多家骨干新闻出版企业集团，实现了跨越式发展。

三是加快建设公共服务体系。农家书屋工程建设全面提速，全年新建农家书屋 24.86 万个，全国累计建成农家书屋 50.5 万个，已覆盖 84% 的行政村，数字农家书屋试点工作稳步推进。中西部免费赠报和城乡阅报栏（屏）工程逐步推开，西部农村发行网点建设取得新突破。少数民族新闻出版"东风工程"扎实推进，二期建设投资达 15 亿元，出版系统援藏援疆工作力度加大，根本改变了这些地区的舆论格局。全民阅读五年规划顺利实施，各地城乡掀起读书热潮，2011 年全国有 7 亿多人参与全民阅读活动。发动社会各界开展"爱心辞典"和课外读物捐赠活动，城乡互动，共建书香中国。

四是科学发展，新闻出版产业快速成长。新闻出版业 200 多个项目获中央和地方资金支持，中央文化产业发展专项资金支持达 9.3 亿元，地方和企业投资达上千亿元。全国 58 个省市级印刷园区总投资 210 亿元、新增产值 217 亿元，新建成 9 个全国数字出版基地和 3 个音乐生产基地，发挥了技术、人才、产业聚集效应，新增生产能力可达 3000 多亿元。国家出版基金资助项目、《大中华文库》项目和四大科技创新工程深入实施。云出版、快阅读、电子刊等战略性新兴出版传媒产业快速增长。统计快报显示，2011 年新闻出版行业总产出超过 1.5 万亿元。

五是坚持开放，新闻出版走出去整体推进。按照全面布局、整体推进的走出去规划，以创造和输出版权、国际传播力工程、"经典中国"国际出版工程、中国图书对外推广计划、文化产品和服务出口重点企业与重点项目奖励计划等工程或项目为平台，扎实推进产品、服务、渠道、资本走出去。2011 年，中国出版物国际营销网络构建成效显著：与拉加代尔集团旗下 3100 家书店合作开辟国际主流营销渠道，开展百家海外华文书店联展活动，开设了亚马逊"中国书店"，这三大举措使中国进入了世界市场。中国原创网络游戏输出 100 多项，海外收入达到 3.6 亿美元。我国文化的国际传播力影响力进一步提升。

六是关注民生，集中解决群众反映强烈的突出问题。我们把治理中小学教辅出版发行工作等七个突出问题当做大事来抓。以"治散治滥、打盗打非"为重点，整合全系统力量，依法查处重点违法违规案件 89 起，规范中小学教辅出版发行秩序。以专项行动查处侵权盗版案件 3381 起，侵权盗版高发势头得到有效遏制。打击"两非一假"，开展报刊记者站治理"百日行动"，199 家记者站被依法处罚。"新闻造假"、"新闻敲诈"和"有偿新闻"等严重违法违规行为得到初步治理。以改革的办法整治学术期刊违规行为，健全学术期刊编辑准入制度，学术出版违规行为得到遏制。

围绕两大重点 推进九项工作

深入贯彻落实六中全会精神和迎接学习宣传贯彻党的十八大，是 2012 年新闻出版工作的两大重点。今年上半年，我们按照中央文化体制改革和发展工作领导小组确定的工作任务，集中抓好六中全会的贯彻落实，推动新闻出版改革发展。下半年围绕迎接党的十八大召开，落实推出精品力作、营造舆论氛围和优化市场环境等重大项目和重要工作。

一是全面落实《国家"十二五"时期文化改革发展规划纲要》。认真抓好列入《纲要》的 80 多项涉及新闻出版改革发展的重点工作、30 多个重大工程项目。目前已经召开了工程协调会，结合《新闻出版业"十二五"时期发展规划》，加强统筹协调，三分之二的重大工程项目已经落实了领导责任、资金、进度，确保实实在在的发展。

二是继续积极推进报刊出版单位的改革。按照分类指导、区别对待的原则，按两个思路进行。一是继续推进非时政类报刊出版单位转企改制，力争在十八大召开以前基本完成中央确定的改革阶段性任务。上半年完成列入首批转企改制的非时政类报刊出版单位转企改制任务，启动第二批非时政类报刊出版单位转企改制工作。制定出台《关于非法人报刊编辑部体制改革实施办法》和学术期刊体制改革方案。鼓励和支持省级报业集团和出版集团所属非时政类报刊与本区域地市报刊进行战略合作、资源整合，组建大型报刊业集团，做大做强。二是继续深化党报党刊发行体制改革。坚持实行编辑宣传、发行经营两分开，重点是剥离副业、转换机制、增强活力，按照中央 15 号文件要求，在管理体制、人事制度、收入分配、社会保险、社会监督等关键环节创新体制机制，明确服务规范，增强发展活力。一般时政类报刊社、公益性出版社也要深化改革，增强面向市场、面向群众提供服务的能力。鼓励各级党报组建社会化的发行公司，创新体制机制，提高发行时效和覆盖范围。支持党报党刊与邮政部门、大型出版发行企业或物流企业开展战略合作，建立完善成熟的营销网络，增强主流出版媒体的舆论影响力和信息传播能力。

三是进一步深化出版企业的改革。已完成转企改制任务的出版企业要尽快进入第二步改革，以"三改一加强"为抓手，建立现代企业制度，探索建立符合现代企业要求、体现新闻出版企业特点的资产组织形式和经营管理模式。探索建立新闻出版管理制度与现代企业制度有机衔接的机制。

四是加快推进出版传媒企业集团建设。出台新的举措，以强有力的政策鼓励出版传媒企业进行跨媒体、跨地区、跨行业、跨所有制、跨国界发展，加快新闻出版资源向优势企业集聚，打造和培育5艘—10艘国家出版传媒"航空母舰"，其中包括国家三大出版集团、两大物流公司和地方出版、报业、印刷集团。

五是改革投融资渠道。改革单一的政府投资模式，吸收社会资本，壮大发展实力。支持符合条件的国有大型出版传媒集团上市融资，鼓励和引导中小出版企业在中小企业板及创业板等市场上市，支持国有出版传媒企业以各种形式与民营出版传媒创意发行公司合作，引领社会力量共谋发展，开辟多层次融资渠道，壮大新闻出版产业实力。

六是培育新闻出版产业新的增长点，加快产业基地、产业园区和产业带规划建设。重点支持数字出版、音乐制作、版权创意、绿色印刷等产业基地建设，三年内产业基地生产能力要增长3000亿元以上，充分发挥产业基地的增长极和示范辐射作用。今年开展产业基地（园区）发展情况考评工作，完善基地（园区）重点企业发展的引导机制、重点项目推动机制、信息沟通交流机制，充分发挥产业基地人才、技术、资金、政策的集聚效应，实现跨越式发展。

七是加快推进新闻出版业科技创新。重点支持云出版建设，加快数字内容传播平台、内容资源整合、关键技术研发、重要技术标准、重大项目建设，鼓励和引导企业开展技术改造，运用高新技术和先进设备改造传统基础设施，淘汰落后产能，提高应用高新技术的能力。加快新媒体、新产品的研发和推广，在新闻出版生产、传播能力上实现新突破。

八是大力推进新闻出版走出去。加大对新闻出版企业走出去的扶持力度，积极参与国际市场竞争。支持重点主流媒体国际传播能力建设，提升版权贸易能力，扩大新闻出版产品出口，拓展走出去国际营销渠道，推出一批具有国际竞争力的新闻出版名牌企业和名牌产品，利用国际平台传播中华文化。鼓励和支持各种所有制企业到境外兼并、重组、投资，建社建站、办报办刊、开厂开店。鼓励有条件的新闻出版企业在境外以参股、控股等方式扩大发展空间，提高国际竞争能力。

九是加快构建现代出版物市场体系。发展以跨地区连锁经营、集中配送、电子商务为特征的现代物流，建设大型现代新闻出版流通体系，打破条块分割、地区封锁和城乡分离的市场格局。加强新闻出版资本、版权、信息、技术、人才等要素市场建设，促进要素市场与出版物销售市场、有形市场与网上交易相结合，建立统一开放、竞争有序、健康繁荣的现代出版物市场体系。加快建立信用监管制度和失信惩戒制度，构建以职业道德为基础、以行业自律为支撑、以法律为保障的市场诚信体系。

落实四项要求　实现四个目标

贯彻六中全会精神，必须要在牢牢把握正确导向、坚持社会主义先进文化前进方向、建设社会主义核心价值体系方面取得新进展；在进一步深化改革、构建富有生机活力的体制机制、解放和发展文化生产力、做大做强新闻出版业方面迈出新步伐；在推进文化与科技融合、催生新的文化业态、抢占新闻出版科技制高点方面取得新突破；在打造一批有实力有国际竞争力的大型出版发行企业、积极开拓国际文化市场方面取得新成效。

去年 12 月 23 日和 28 日，李长春同志就新闻出版工作贯彻六中全会精神、加快改革发展作了重要批示。他指出：新闻出版总署"在贯彻党的十七届六中全会精神、推动文化改革发展方面采取了得力措施，起到了领跑作用"，希望新闻出版总署"继续高举旗帜，巩固发展思想文化主阵地；深化改革，当好改革创新的排头兵；科学发展，成为文化产业的主力军；强化管理，创造繁荣发展的好环境；更好地服务党和国家工作大局和人民群众精神文化需求，以更加优异的成绩迎接党的十八大胜利召开。"他强调：2012 年的新闻出版工作要突出"贯彻六中全会精神，必须要在牢牢把握正确导向、坚持社会主义先进文化前进方向、建设社会主义核心价值体系方面取得新进展；在进一步深化改革、构建富有生机活力的体制机制、解放和发展文化生产力、做大做强新闻出版业方面迈出新步伐；在推进文化与科技融合、催生新的文化业态、抢占新闻出版科技制高点方面取得新突破；在打造一批有实力有国际竞争力的大型出版发行企业、积极开拓国际文化市场方面取得新成效。"

在年初召开的全国新闻出版工作会上，与会同志集中学习了李长春同志和刘云山、刘延东同志的重要批示，一致认为中央领导同志的重要指示，为当前和今后一个时期新闻出版行业进一步贯彻落实六中全会精神指明了方向、增添了动力。我们一定要深刻领会中央领导同志重要指示精神，真心实意地把"主阵地、排头兵、主力军、领跑者"四项要求，作为我们行动的准则，把"新进展、新步伐、新突破、新成效"作为我们今年必须达到的奋斗目标。实现这些目标的关键是把六中全会精神落到实处。

一是努力形成正确引导新闻出版产品创作生产新机制，巩固发展社会主义文化主阵地。一切内容的创作、生产、传播都必须有利于形成社会主义核心价值体系，把社会主义先进文化融入、贯穿、体现到新闻出版全过程，组织生产出更多引领社会思潮的优秀产品。要从政策导向、职业准入、内容设计、选题策划、编辑加工等环节入手，建立前端保障机制，多出思想性艺术性可读性相统一的精品力作，多产社会效益和经济效益俱佳的新闻出版产品。要坚持"三贴近"，深化"走转改"，充分发挥人民文化创造性积极性，在服务人民群众中实现文化价值和经济价值。要完善新闻出版产品评价体系和激励机制，让反映主流价值取向、弘扬民族优秀文化传统、体现时代发展要求的文化精品不断涌现，留下更多经得起历史检验、具有传承价值的新闻作品和出版产品，丰富中华民族的当代精神。

二是创造新闻出版发展新优势，努力担当文化产业发展的主力军。要进一步转变发展方式、调整产业结构，充分运用"两只手"实现产品结构、企业结构、产业结构、消费结构的优化，科学配置出版资源，确保重点门类，培育新闻出版产业新优势。要加快整体布局，建设一批规模较大、各具特色的数字出版、音乐生产、版权创意、绿色印刷等产业基地、产业带和产业集群，形成新的增长点。要加速推动传统新闻出版业与科技融合，促进传统产业升级转型，大力发展新技术、新载体、新业态，进一步造就出版传媒技术新高地。要发展城乡新闻出版消费市场，特别是拓展社区、农村市场和海外市场，扩大消费热点，使新闻出版市场从主要依靠城市消费拉动向城乡消费并重、内需外需协调拉动转变，进一步提高新闻出版市场竞争力。

三是完善新闻出版繁荣发展新体制新机制，当好改革开放排头兵。要推动新闻出版体制向纵深改革，今年完成中央确定的经营性单位转企改制任务。按照"三改一加强"要求，深化转制后企业改革，加快公司制股份制改造，建立现代企业制度。加快培育更多具有国际竞争力的大型出版传媒集团，努力壮大市场竞争主体。要深化事业单位内部机制改革，打造好服务主体。要深化投融资体制改革，通过上市融资、资本重构、项目支持、对外开放、资源倾斜等措施，重点培育造就一批新闻出版产业重要的战略投资者，努力打造投资主体。要深化行政体制改革，切实转变职能，提高行政效率，努力打造依法管理主体。

四是树立以人为本的发展观念，加快构建新闻出版公共服务新体系。要以国家重点出版工程、少数民族新闻出版"东风工程"、农家书屋工程、全民阅读工程、基层阅报栏工程、文化环保工程等为抓手，着眼文化长远发展、立足群众基本需求，继续完善新闻出版公共服务体系，实现由"点"到"面"到"线"的联通。要从工作措施、政策支持和长效机制上保障人民群众的基本文化权益。要加快建设新闻出版公共服务基础设施、产品供给、保障渠道，加快建设新闻出版公共服务资源和传输平台。要坚持面向全社会，多管齐下，共建共用，使政府主导、企事业力量和社会参与紧密结合，把服务群众的好事办实。

五是提高管理科学化水平，全力创造文化繁荣发展好环境。要坚持依法行政，不断完善与新闻出版强国发展目标相适应的新闻出版法律法规，力争在行政管理、公共服务、产业发展、反腐倡廉等领域尽快形成制度体系，不断提高依法行政水平。要创新管理理念，改进工作方式方法，着重提高把握政治方向的能力、服务工作大局的能力、政策调控的能力、舆论引导能力和依法行政能力。今年的伦敦书展"市场焦点"主宾国活动、国际音像表演著作权外交大会以及国内重大节点的市场环境整治，都是对我们管理者的重大考验，我们应尽职尽责、尽心尽力做好工作，决不辜负党中央的期望。

让我们高举中国特色社会主义的伟大旗帜，以高度的文化自觉、清醒的文化自信、坚定的文化自强意识，落实党的十七届六中全会确定的各项任务，走上建设社会主义文化强国的新征程，用文化改革发展的新成果迎接党的十八大胜利召开。

（本文系新闻出版总署署长柳斌杰在全国文化体制改革工作会议上发表的讲话，刊发时略有删节，标题为编者所加。）

文化强国的"中国道路"

——论推动社会主义文化大发展大繁荣

任仲平

（一）2011 年 10 月 1 日，美国纽约时代广场。大幅户外显示屏上，水墨动画形象的中国先哲孔子，与熙来攘往的人群融为一体。中国与世界、传统与现代，在这里交汇。

这个特殊的场景，正可看成孔子背后五千年中华文化在新世纪所处的方位。在世界的横轴上，一个古老的民族在全球化时代确立自身的坐标。在历史的纵轴上，一种伟大的文化历经盛衰荣辱的磨难，在复兴之路上正扬帆起航。

一切象征总有现实逻辑，蕴藏着历史的本质。在孔子走向世界这部崭新乐章里，大背景是新中国 60 多年社会变革的思想激荡、30 多年改革开放的精神求索，主旋律是新世纪以来社会主义中国走向文化振兴的激昂变奏。

"当今时代，文化在综合国力竞争中的地位日益重要。谁占据了文化发展的制高点，谁就能够更好地在激烈的国际竞争中掌握主动权。人类文明进步的历史充分表明，没有先进文化的积极引领，没有人民精神世界的极大丰富，没有全民族创造精神的充分发挥，一个国家、一个民族不可能屹立于世界先进民族之林。"

站在这样的历史高度，才能更全面地理解，伴随着经济的崛起，新世纪以来社会主义中国波澜壮阔的文化挺进；才能更清晰地把握，党的十六大以来一系列前所未有的文化变革，所造就的文化发展新局面；才能更深刻地体认，一个政党如何为古老的文化注入全新的力量，走出一条文化重塑与振兴的"中国道路"。

（二）任何一种文化选择，都离不开时代土壤。进入新世纪，尽管中国的经济体制改革创造了令世界其他地区黯然失色的发展奇迹，尽管我们的精神文明建设、各项文化事业取得了令人振奋的长足进步，但文化领域面临的挑战前所未有。

这是一个尴尬的事实：当经济领域的中石化、中移动向世界五百强挺进时，我们的文化企业却拿不出一个名扬世界的品牌代表；当美国利用中国的花木兰故事拍成电影成功占领中国市场时，中国的创意产业几乎为零。全国 500 多家出版社的收入总和，不及德国贝塔斯曼集团一家的年收入。

这是一个悬殊的对比：全世界每 100 本图书，85 本由发达国家流向不发达国家；全世界每 100 小时音像制品，74 个小时由发达国家流向不发达国家；美国生产的电影占全球影片数量的 10%，却占用了全世界一半的观影时间。

挑战不止于此。

当人们赞叹中国经济惊人的成就时，也日益强烈地感到公共文化服务的短缺。城乡之间、东西部之间、不同收入群体之间的文化消费极不平衡，"精神饥渴"在物质满足的反衬下变得愈加强烈。

中国文化发展必须面对这样的考题——一面是加入 WTO 以后势必放开的国内文化市场，一面是我国文化单位与国外文化企业的悬殊实力；一面是群众的精神文化需求强烈，一面是国有文化单位活力不足；一面是中国在经济、外交上重返世界舞台中央，一面是西方世界带着"有色眼镜"妖魔化中国。

一个只能出口电视机而不是思想观念的国家，成不了世界大国。撒切尔夫人对社会主义中国的断言，刺耳刺激却发人深思。中国的崛起曾被称作"21 世纪最激动人心的大事"，但这种崛起，不能只是物质财富的剧增、经济格局的重塑，而应伴随社会主义价值体系的传播，推助中华文化的弘扬，否则中国特色社会主义的话语权如何彰显、主动权如何体现？

（三）早在 19 世纪，马克思便预言：在各国经济走向世界经济的过程中，文化生产也将走向世界性。"资产阶级由于开拓了世界市场，使一切国家的生产和消费都成为世界性的了……物质的生产如此，精神的生产也是如此。"

我们身处的正是马克思所说的世界经济时代，是经过近 200 年风云变幻、比马克思预言的秩序更繁琐、竞争更激烈、风险更复杂、机遇更隐晦的国际市场：

——制定规则的人已经占领制高点，而且仍然想重复经济全球化时代惯用的手段，将我们的文化生产压制到全球链条的最低端。

——丰厚的文化资源和巨大的市场是我们的优势，但雄厚的资本与成熟的商业运作却是西方的强项。

——在文化的自由市场，与文化产品逆差同时而来的，还有意识形态的渗透、价值观念的侵入。

兵临城下。文化交流中的逆差，国际竞争中的劣势，影响的绝不只是市场份额的大小、产业较量的成败，更关乎意识形态主动权的得失、国家文化软实力的强弱。面对大发展大变革大调整的世界格局，面对各种思想文化更加频繁的交流交融交锋，如果我们不能形成自己的文化优势，就无法在激烈的国际竞争中高扬社会主义文化理想，维护国家文化安全，捍卫国家文化主权。

实际上，我们并不缺乏讲述"中国故事"的各种题材。五千年文明的薪火相传，铸就了源远流长的文化传统，留下了饱蕴思想精髓和价值追求的灿烂遗产。社会主义中国半个多世纪的激流勇进，创造了世界发展史上前所未有的进步，书写了人类文明的崭新篇章。这为我们的文化发展提供了得天独厚的基础。但今天的我们怎样才能在改革创新中，将这些宝贵的财富转化为文化较量中的主动位势，转化为软实力竞争中的现实优势？

关系不顺、效率不高、管理不力、布局不优、机制不活，在挑战与竞争中暴露的中国文化发展困境，表面看，是落后的管理方式不适应时代的发展要求；实质看，是传统的体制机制窒息了文化的内在活力。

自上世纪70年代末，以市场为导向的经济体制改革，极大地释放了人民群众的积极性，空前解放了社会生产力，造就了社会主义中国日新月异的繁荣景象。今天，在文化这个具有意识形态深刻属性的敏感领域，能否充分发挥市场在文化资源配置中的基础性作用，决定了我们的文化体制能否适应社会主义市场经济体制的要求。

2002年11月，党的十六大做出重要战略部署："根据社会主义精神文明建设的特点和规律，适应社会主义市场经济发展的要求，推进文化体制改革。"5年之后，党的十七大从中国特色社会主义经济、政治、文化、社会建设"四位一体"总体布局的高度，提出深化文化体制改革，兴起社会主义文化建设新高潮，推动社会主义文化大发展大繁荣。

这是我们党在科学判断国际国内形势、全面把握当今世界文化发展趋势、深刻分析我国基本国情和战略任务的基础上，所作出的重大决策。它标志着我们党在文化认识上的崭新飞跃，反映了我们党在文化建设上宏远的战略眼光。

突破束缚文化生产力发展的制度性障碍，开创文化发展繁荣的新局面，一场波澜壮阔、影响深远的改革由此开启。

（四）毫无疑问，把文化区分为文化事业和文化产业，一手抓公益性文化事业、一手抓经营性文化产业，是党的十六大以来文化建设认识上的一个重大突破，文化发展实践上的一个重大创新。

这个具有里程碑意义的理论创新，决定了文化体制改革的生死成败。它首次以文化的双重属性，确定了发展的双重任务，厘定了"公益性"与"经营性"的楚河汉界，确立了"事业"与"产业"的比翼齐飞，推动了"政府"与"市场"的双轮驱动。

长期以来，各级政府主要靠行政指令来实现对文化企事业单位的管理，而不是群众需求和市场导向，带有浓厚的计划色彩。在文化领域，本属公益的，公益属性模糊；本属市场的，市场属性不明。结果是，公益性文化事业长期投入不足，缺乏为人民服务的动力和活力；经营性文化产业长期依赖政府，缺乏闯荡市场的实力和能力。

理论的创新，让局面豁然开朗。

按照"文化事业"与"文化产业"的"二分法"思路，改革路径分外清晰——中心目标是理顺政府与文化企事业单位的关系，政府的归政府，市场的归市场。不是要将所有文化都推向市场大潮，留归政府的，就要确保其"公益性"，由政府全力扶持文化事业，增加投入、转换机制、增强活力、改善服务，以实现人民群众基本文化权益。不能再让所有文化都赖在政府怀里，推向市场的，就要明确其"经营性"，让市场优胜劣汰文化产业，自主经营、自负盈亏、自我发展、自我约束，以满足人民群众多样化、多层次、多方面的文化需求。

分类改革，创新机制，调整结构，转变职能。几个数字可以看出改革的决心和勇气：8 年间，全国共核销事业编制 18 万多名，注销事业单位 4300 多个。吃惯"皇粮"的事业单位，终于在市场的洗礼中搏击风浪；习惯"一手抓"的文化管理部门，开始从"办文化"转向"管文化"。

（五）2003—2011。

从破冰之旅到乘风破浪，3000 多个披荆斩棘的日日夜夜，中国文化发展标定了新的历史方位。

这是一番让人感慨的景象。文化体制改革明确了公益性文化事业的责任，政府近 8 年的文化基础设施投入，是过去几十年的总和，覆盖城乡的基本公共文化服务体系已经建成；五大文化惠民重点工程——广播电视村村通、乡镇和社区综合文化站、文化信息资源共享、农村电影放映、农家书屋建设等，极大地缓解了基层群众看书看报难、看戏看电影难、文化活动少的状况；文化产品的供给前所未有的大，广大群众的文化选择前所未有的多，目前我国是世界第三大电影生产国、第一大电视剧生产国，年出书品种、总量稳居世界第一位……专家评价，中国文化进入了"黄金发展期"。

这是一串令人欣慰的数字。文化体制改革激发了经营性文化产业的巨大潜力，文化产业被列入国家产业振兴计划，成为国民经济支柱性产业。20 多个省市区提出"文化大省"战略，北京、广东、江苏、山东等省市的文化产业增加值超过千亿元，一批总资产和总收入"双百亿"的文化企业成为领军力量。即使在国际金融危机肆虐的 2008 年，我国的文化产业仍然逆市上扬，增速超过国内生产总值 8 个百分点……学者分析：中国文化出现了"发展里程碑"。

这是一种令人振奋的趋势。文化体制改革锻造了"走出去"的底气实力，中华文化国际影响力不断扩大，对外文化交流范围和渠道不断拓宽，近 150 个国家与我们展开政府间的文化合作，350多所孔子学院走出国门。主流媒体的国际传播能力不断提升，西强我弱的传播格局有所扭转，截至2010年底，人民日报社主管的网络和各类报刊的国外受众比2002年增长50%以上，新华社海外用户遍及170多个国家和地区……舆论感叹：中国文化呈现了"复兴曙光"。

"黄金发展期"；"发展里程碑"；"复兴曙光"；文化体制改革的深入推进，使得文化生产力空前释放，文化建设活力显著增强，公益性文化事业在保障人民基本文化权益方面的作用日益突出，经营性文化产业占国民经济的比重明显增大，国际竞争力逐步增强，文化市场日益繁荣，精品力作不断涌现。

哪里有改革，哪里就有新发展；哪里有改革，哪里就有新局面。8年奋斗与探索，充分证明中央关于文化体制改革的决策部署是完全正确的，顺应了时代发展的新要求，顺应了人民群众的新期待，顺应了文化建设的内在规律和发展趋势，这才有了社会主义文化发展繁荣的春天。

（六）文化体制改革收获的不仅是一大批活力四射的文化企业，更重要的是深化了党和政府对文化的认识，为实现文化大发展大繁荣提供了思想基础，为建设文化强国做出了可贵探索。

从理论层面看，文化体制改革深化了中国特色社会主义文化的理论体系，丰富了马克思主义文化理论，提升了人们对于文化建设规律的认识。

从实践层面讲，文化体制改革解放和发展了文化生产力，创造和培育了良好的文化发展体制和机制，理顺了政府、市场与文化企事业单位的关系，满足了人民群众不断增长的精神文化需求，大幅度提高了人民基本文化权益保障水平。

这些探索与成就，关系到我国文化建设中必须解决的重大课题——在国际国内形势深刻变化的挑战中，在我国经济社会发展进入新的历史阶段的背景下，我们应以什么样的视角认识文化，以什么样的态度对待文化，以什么样的思路推动文化繁荣发展，以什么样的道路建设社会主义文化强国？

长期以来，人们有一种根深蒂固的看法，认为文化事关意识形态安全，担心文化进入市场后，会改变社会主义文化性质，弱化党对文化的领导，引起思想的混乱。

然而，让文化走向市场，就是把创造的权利、评价的权利、选择的权利交给广大人民。在社会主义市场经济条件下，人民群众通过市场进行文化消费、满足文化需求。文化走向市场，就是让实践的检验、群众的检验作为文化发展的标准。这不正是社会主义文化最本质的要求吗？

让文化走向市场，就是要在市场的大潮中培育出我们自己的合格市场主体，在发展产业和繁荣市场方面发挥主导作用。占领文化市场就是占领意识形态阵地；市场份额越大，服务的群众就越多，正确导向就越能落到实处。这不正是社会主义文化发展的方向吗？

让文化走向市场，就是要在国际竞争的大格局中，以市场倒逼民族文化企业的成长与壮大。在西强我弱的文化语境中，赢得市场，社会主义价值体系才能赢得话语权、赢得主动权。这不正是社会主义文化必须面对的挑战吗？

事实证明，在市场条件下，那些关注现实、艺术精湛、思想深刻、制作精良的文化产品，赢得了最广大群众的喜爱。人民群众多样化、多层次、多方面的文化需求，得到了前所未有的满足；普通百姓自主创造文化的积极性，获得了前所未有的激发。中国文化的国际影响力和竞争力不断提升，国家的形象、党的声音传播得更加深远。

从更宽广的历史视野看，文化体制改革是经济体制改革在新世纪的深化和升华，是我们国家整个改革开放大业中至关重要的一环，关乎全面建设小康社会奋斗目标的实现，关乎中国特色社会主义事业总体布局，关乎中华民族的伟大复兴。

（七）一个民族，只有文化体现出比物质和资本更强大的力量，才能造就更大的文明进步；一个国家，只有经济发展体现出文化的品格，才能进入更高的发展阶段。

8年探索，3000多个日日夜夜，困难与挑战成就中国文化砥砺向前的茁壮身影，收获了弥足珍贵的经验，形成了一系列规律性认识。

如何理解文化的地位和作用？文化既是推动社会发展的重要手段，又是社会文明进步的重要目标；既是凝聚人心的精神纽带，又是民生幸福的关键内容；既直接贡献于经济增长，又对提升经济发展质量发挥着重要作用。

马克思曾经指出，社会生活中存在着两种生产力——物质方面的生产力和精神方面的生产力。十六大以来，我们党以文化体制改革"解放和发展文化生产力"的清晰思路，将文化产品从单一的意识形态属性中解放出来。兼具意识形态属性与商品经济属性，兼具社会效益与经济效益，关涉精神纽带与民生福祉，对文化的认识由此上升到新高度。

如何把握文化的规律与方向？必须正确认识和处理人民群众基本文化需求与多样化、多层次、多方面文化需求的关系，"两种属性"与"两个效益"的关系，弘扬主旋律与提倡多样化的关系，改革创新与加快发展的关系，文化与经济的关系，发挥政府作用与调动全社会力量参与的关系，民族文化与外来文化的关系，促进繁荣与加强管理的关系，文化与科技的关系，调动文化工作者积极性与造就新型人才的关系。

这"十大关系"，提出了中国特色社会主义文化发展中最重要的理论和现实课题。文化事业与文化产业，要"两手抓两手硬"；"两种属性"、"两个效益"，要始终把社会效益放到首位；弘扬主旋律与提倡多样化，要坚持社会主义先进文化前进方向……这些结论，凝聚着对改革发展实践的精辟总结，反映了我们对文化发展方向、发展动力、发展目的、发展思路、发展格局的深刻认识，是文化领域深入贯彻落实科学发展观的自觉行动，文化建设由此进入了新境界。

文化要大发展，思想要大解放。没有不断更新的思想观念、不断创新的体制机制、不断升华的理论总结，就没有十六大以来文化大发展大繁荣的崭新局面。8年锐意创新的改革发展，极大提高了全民族思想道德素质和科学文化素质，促进了人的全面发展，显著增强了国家文化软实力，为坚持和发展中国特色社会主义提供了强大精神力量，展现了一条迈向文化强国的"中国道路"。

（八）回望数千年中华文化的历史脉络，一个拥有深刻文化自觉的领导核心，是社会主义中国走向文化复兴的关键。新世纪的文化建设之路，昭示着中国共产党在文化认识论上的成熟与提升。

文化是一个国家的精神旗帜。在五千年独一无二的历史长河中，我们收获了灿烂辉煌的悠久文明，也留下了不同于任何民族的历史课题——古老文化如何中兴？

先秦诸子、汉唐气象、宋明风韵……五千年文脉涵养出泱泱中华。然而，走入近代，中国的大门被西方的坚船利炮敲开之日，也是古老的中华文化迎来全球化挑战之时。此后百余年间，在中华民族沉沦、奋争与崛起的伟大历程中，中华文化同样经历着艰难的蜕变与新生。

从乾嘉时代的"训诂考据"走向道咸年间"通经致用"的近代新学，从救亡图存运动的失败到新文化运动的兴起，从"民主"与"科学"精神的启蒙到马克思主义的广泛传播，从传统社会观念的式微到教育、卫生、科技等领域的现代化转型，在中华民族寻求复兴的漫漫征程上，文化领域风雷激荡。"中华文化如何振兴"这个问题，伴随国运的沉浮，回荡在一代代中华儿女的心头。

毛泽东在回顾中国近代的百年史时说，从鸦片战争到五四运动的七十多年中，中国人没有什么思想武器可以抗御帝国主义。只有共产党以马克思主义为指导，在根本解决了中国社会政治问题的基础上，以先进理论为指导，唤起四万万五千万同胞的伟大觉醒，最终突破"三千年之未有变局"，亿万人民复兴之梦日渐清晰，中华文化的振兴终于有了现实可能。

改革开放新时期，从邓小平提出社会主义物质文明和精神文明"两手抓、两手都要硬"，到江泽民强调中国特色社会主义文化是"综合国力的重要标志"，再到胡锦涛从战略高度深刻认识文化的重要地位和作用，牢牢把握文化发展主动权，我们党紧密结合时代条件，从实现党的中心任务出发，高举发展先进文化的旗帜，阐明与时俱进的文化纲领和奋斗目标，体现了深刻的文化自觉。

历史和现实表明，一个民族的觉醒，首先是文化上的觉醒；一个政党的力量，很大程度上取决于文化的自觉。可以说，是否具有高度的文化自觉，不仅关系到文化自身的振兴和繁荣，而且决定着一个民族、一个政党的前途命运。

"以高度的文化自觉和文化自信，着眼于提高民族素质和塑造高尚人格，以更大力度推进文化改革发展，在中国特色社会主义伟大实践中进行文化创造，让人民共享文化发展成果"，庆祝中国共产党成立九十周年大会勾画的中国特色社会主义文化建设蓝图，是当代中国增强文化自觉、重树文化自信、实现文化自强的铿锵誓言，它让我们重温中央推进文化体制改革的坚定决心——"一切妨碍文化发展的思想观念都要坚决冲破，一切束缚文化发展的做法和规定都要坚决改变，一切影响文化发展的体制弊端都要坚决革除"。

（九）十八世纪，欧洲文明发现了遥远东方"异质"的中国。当时的书籍，留下了西方对孔子的想象：有着东方面孔的基督教神甫。在很长时期内，东方文化只是异国情调的装饰物，尘封在西方的历史记忆中。

几个世纪过去，纽约时代广场上"至圣先师"为原型的孔子动画，与北京奥运会绚烂的"大脚印"、上海世博会鲜红的"东方之冠"以及无数普普通通的中国人一起，构成了中国在新世纪的文化图景，为世界重新书写中华文化的印象。

恩格斯说过："文化上的每一个进步，都是迈向自由的一步。"

弘扬五千年薪火相传的中华文明，振兴13亿人血脉相连的中国文化，这是人类历史上前所未有的伟大实践，是一个文明古国迈向文化强国的伟大进军。

正在北京召开的党的十七届六中全会，第一次以文化改革发展为主题，制定建设社会主义文化强国的行动纲领。新的征程再次开启，当文化越来越成为民族凝聚力和创造力的重要源泉，越来越成为综合国力竞争的重要因素，越来越成为经济社会发展的重要支撑，越来越成为我国人民的热切愿望，沿着中国特色社会主义文化发展道路，我们坚信——"中国人民有能力为人类文明进步作出更大贡献"。

《人民日报》2011 年 10 月 15 日